手不释卷

——大庆人最经典的学习篇章

铁人学院 编

石油工业出版社

内 容 提 要

本书选取 20 篇自大庆油田开发建设以来,不同历史发展阶段大庆人的学习文献。这些文献代表了不同时期大庆人的价值追求和思想境界,是大庆人不断改造主观世界的经典之作,对于今天的党员干部学习仍具有十分重要的启迪作用。

本书可作为中国石油广大党员和干部员工的培训教材。

图书在版编目（CIP）数据

手不释卷：大庆人最经典的学习篇章/铁人学院编.
—北京：石油工业出版社，2019.12
ISBN 978-7-5183-3760-6

Ⅰ.①手… Ⅱ.①铁… Ⅲ.①社会科学-文集 Ⅳ.①C53

中国版本图书馆 CIP 数据核字（2019）第 267566 号

出版发行：石油工业出版社
（北京市安定门外安华里2区1号楼 100011）
网　　址：www.petropub.com
编辑部：（010）64240756
图书营销中心：（010）64523633
经　销：全国新华书店
印　刷：北京中石油彩色印刷有限责任公司

2019 年 12 月第 1 版　2019 年 12 月第 1 次印刷
710×1000 毫米　开本：1/16　印张：13.75
字数：205 千字

定价：48.00 元
（如发现印装质量问题，我社图书营销中心负责调换）
版权所有，翻印必究

前　言

　　大庆人是靠学习"起家"的。20世纪60年代的石油大会战一开始就面临着许多严峻的考验，面对错综复杂的困难和矛盾，经过认真分析形势任务，石油工业部机关党委感到，只有运用辩证唯物主义这个有力的思想武器，才能统一人们的认识和行为，才能正确地认识和解决矛盾，才能夺取会战的全面胜利。于是，石油工业部机关党委做出了第一个决定，就是《关于学习毛泽东同志所著<实践论>和<矛盾论>的决定》，开展了以社会主义教育为主要内容的形势任务教育，在全油田迅速掀起了学习"两论"的热潮。"两论"点燃了会战职工心中的爱国激情，统一了思想，坚定了信心，站稳了脚跟，仅用3年就高速度、高水平拿下了大油田，一举甩掉了国家贫油的帽子。

　　大庆人靠学习创造了一个新天地。油田开发建设以来，大庆人在认识规律中把握规律，在利用规律中改造客观世界，并在改造客观世界的基础上，反过来不断地改造主观世界。缔造了在科学理论武装下开发建设大油田的不朽传奇；创造了令世人瞩目的辉煌业绩；实现了原油5000万吨以上高产稳产27年；探索了传统管理与现代管理有机融合的管理模式；造就了一支敢打硬仗、勇创一流的优秀职工队伍；孕育形成的大庆精神铁人精神，成为中国共产党伟大精神之一、中华民族伟大精神的重要组成部分。大庆人创造了大庆经验，贡献了大庆模式，树立了大庆红旗，走出了一条党领导建设中国工业企业的成功之路。

　　大庆人还将靠学习为实现中国梦持续做出高水平贡献。指导实践、推动工作，是大庆人学习的最终目的。面对新时期油田后备资源接替不足、开发难度日益增大、基础设施改造滞后、总体效益逐步下滑、老企业负担重等主要矛盾,油田党委在习近平新时代中国特色社会主义思想的指引下,结合落实新一轮东北振兴战略,围绕油田实现振兴发展,确立了"当好标杆旗帜,建设百年油田"的奋斗目标,立志当好科学生产的标杆、科技创新的标杆、国企改革的标杆、弘扬石油精神的标杆,奋力探索中国新型工业化发展道路,为实现中华民族伟大复兴的中国梦再做新贡献。

本书撷取了20篇自油田开发建设以来,不同历史发展阶段大庆人的学习文献。这些文献代表了不同时期大庆的价值追求和思想境界,是大庆人不断改造主观世界的经典之作。参与本书编写的人员有于海龙、卞昌松、傅殿戈、张鹏程、冯德、孟祥艳、王志一、孟庆祥、赵阳、韩士军、高天怡、杜岩、董玉娟、李宇宁、李大鹏、于朋鑫、邹海潇、于梦茹、陈劲竹、朱芮莹、李柏莹、靳书文、解云天、石珊珊。

由于编者水平有限,书中有疏漏和不足之处请批评指正。

编者

目 录

大庆石油会战　改变落后面貌 …………………………………… 1
石油工业部机关党委关于学习毛泽东同志所著《实践论》和《矛盾论》
　的决定 ………………………………………………………………… 2
读毛主席的书　听毛主席的话　为无产阶级事业奋斗一辈子 ………… 3
在革命的岗位上 ………………………………………………………… 16
我们是怎样创出"四个一样"工作作风的 …………………………… 21
忆"三老四严"作风的形成 …………………………………………… 28
认真贯彻"三老四严"和"四个一样"的作风 ……………………… 34
关于作风问题 …………………………………………………………… 37
大庆作风是怎样养成的 ………………………………………………… 43
余秋里在中央机关17级以上干部大会上的报告 ……………………… 50
康世恩在北京市领导干部大会上关于大庆石油会战的报告 ………… 101

实现高产稳产　创造世界奇迹 …………………………………… 130
大庆精神大庆人 ………………………………………………………… 131
靠两分法前进 …………………………………………………………… 142
石油工业部转发大庆工委"约法三章" ……………………………… 151
用唯物辩证法指导石油工业发展 ……………………………………… 153
智牵油龙建奇勋 ………………………………………………………… 160

当好标杆旗帜　建设百年油田 …………………………………… 165
新世纪新阶段大庆油田思想政治工作调研报告 ……………………… 166
中共黑龙江省委关于新时期深入学习和弘扬大庆精神的决定 ……… 183

沿着铁人的足迹"寻梦" ·· 189
坚持学用"两论"建设百年油田 ································ 194
中共中国石油天然气集团公司党组关于大庆油田当好标杆旗帜建设百年
　油田的意见 ·· 203

大庆石油会战　改变落后面貌

石油工业部机关党委关于学习毛泽东同志所著《实践论》和《矛盾论》的决定

一九六〇年四月十日

我们正面临着会战——大规模的生产实践。在会战中,把别人的经验都学到手,但又不迷信别人的经验,不迷信书本,我们要勇于实践,发扬敢想、敢说、敢干风格,闯出自己的经验。同时,我们在实践中要不迷失方向,就要掌握马列主义的理论武器,把实践经验上升到理论,包括正确认识油田规律,使我们的实践具有更大的自觉性。

为此,部机关党委决定立即组织全体共产党员、共青团员和干部学习毛泽东同志的《实践论》和《矛盾论》,并号召非党职工都来学习这两个文件,用这两个文件的立场、观点、方法来组织我们大会战的全部工作。

学习是根据理论结合实际的原则,采取边读、边议、边议、边做的方法。每周学习时间不少于六个小时,要求在五月十日前学习完。各级党委要订出学习计划,并列入向上级党委汇报内容。

掌握武器,勇于实践,认识油田规律,这是我们的学习目的。我们号召参加大会战的职工,立即掀起一个学习毛泽东著作的高潮,为开展技术革命、生产革命,做好思想革命。

(出自《战报》1960 年 4 月 13 日)

读毛主席的书　听毛主席的话
为无产阶级事业奋斗一辈子

——铁人王进喜同志一九六六年在全国工业交通工作会议
和全国工业交通政治工作扩大会议上的报告

（摘　录）

大庆油田的胜利，是毛主席思想的胜利，是大学解放军的结果，是全国各兄弟单位支援的结果。我在会战中为党做了一点工作，这完全是党的培养，毛主席的教导，群众的帮助的结果。要是没有党，没有群众，我个人算个啥。

我在解放前，连玉门都没有出去过。解放初期，思想觉悟很低，眼光很浅，井底的蛤蟆只看见碗大的一块天，只知有碗饭吃，要为党好好工作。经过党的培养教育，我参加了中国共产党，在党和毛主席的教育下，阶级觉悟逐渐提高，为党做了一些工作，党却给了很大荣誉。我出席过甘肃省劳模会和全国群英会，并到全国各地参观学习，眼界扩大了，脑袋瓜也开阔了不少，知道了国内外许多事情。

"我们要靠毛主席思想赶快拿下这个新油田"

1960年3月从玉门到大庆，我是带着一股子气去的。刚解放时，我觉得玉门油矿很大，出油很多，以后听说外国人说我们国家是"贫油国"，我很生气。我就不相信，石油光埋在他们的地底下，我们国家这么大的地方，就没有油？外国人还说我们"笨"，我就不相信，天底下只有你外国人聪明？站起来的中国工人阶级，在党和毛主席的领导下，是最聪明的。毛主席教导我们要发愤图强、自力更生。我想光生气不行，还得干，我们一定要找到更多的大油田，多打井，快打井，多出油，同帝国主义较量较量。

　　1959年底，我到北京开会，看到大街上跑的汽车，有的背着个包，我就问别人："这上边装那个家伙干什么？"人家说那是因为没有汽油，烧的煤气。我一听心里真难受，真急人呀！我们这么个大国，汽车没有汽油烧还得了！我是一个石油工人，眼看没有油，让国家做这么大的难还有脸问！再没问！一到休息的时候，我就悄悄地躲在一边，心里很别扭，又憋了一股气。我是个石油工人，难道就眼看着让帝国主义看我们的笑话？就在这个会议期间，听说我国发现个大油田，我高兴得都跳了起来，当时就找部里领导，申请到这个新油田工作。那时恨不得一下子飞到大庆，把大油田拿下来，给帝国主义看看，把石油落后帽子甩到太平洋里去。毛主席讲："占人类总数四分之一的中国人从此站起来了。"站起来的中国人民是天不怕、地不怕，不怕鬼、不信邪的硬汉子，非要拿下个大大的油田，为党、为中国人民争这口气不可。开完会回到玉门后，又听说帝国主义想用石油卡我们的脖子，想叫我们交出红旗，我们能够这么办吗？绝对不能！我们要靠毛主席思想赶快拿下这个新油田，给党争光，给人民争气。

　　我们队三十三个人立即坐火车动身去大庆。在火车上我就和大家一起学《为人民服务》和《愚公移山》，学完就讨论为什么参加会战？有的同志说："去打井搞油！"我说："这话也对，也不完全对。"我说我们是去革命！帝国主义和某些国家在石油上卡我们，国家没有石油多困难啊！我们一定拿下这个大油田，甩掉石油落后帽子，为全国人民争口气。

"对党负责，对国家负责，对子孙万代负责，对全世界劳动人民负责"

　　我深深体会到：我是打井的人，打井没有压力，就是豆腐地层也钻不进去，泥浆泵没有压力，地下岩屑就带不上来，井没有压力，就喷不出油来，人要没有压力就轻飘飘地过去了，就干不出好工作来。有了压力，干出来的工作，就是高水平、高标准的，经得起子孙万代的检查。

这压力，不是哪个领导给的压力，是我们中国工人阶级自觉自愿的压力。一个革命者，要有责任心，对党负责，对国家负责，对子孙万代负责，对全世界劳动人民负责，就应该有压力。没有油，国家有压力，我们要自觉地分担这个压力。一般的压力还不够，要承担一百吨的压力，一千吨的压力。

到了大庆，那股子高兴劲，使我这个从来没有流过眼泪的人，都高兴得流了泪。我激动地说："这儿就是大油海，这儿就是大油田，摆开战场、甩开钻机干吧！这一下子，可要把石油落后帽子，扔到太平洋里去了！"

"怕不怕艰苦奋斗，是革命不革命的问题"

我们当天就奔向目的地。没有房子，就找个破马棚，三堵破墙，四面透风，里面满是马粪，我们打扫了一下，三十三个人挤在一起背靠背地过了一夜。有几个人挤得受不住，就抱了一抱草，半夜里摸黑，找个夹道去睡。第二天醒来一看，还是睡在一口水井边上，地下铺的是冰。这时，有个别的同志就没精神，唉声叹气说："这个地方能打井吗？冰天雪地的没个锅碗盆勺，连个住的地方都没有。"我想这个工人也是个好工人，来的时候，他几次举拳头，表示要到最艰苦的地方去，现在他动摇了。又一想，这里的确是艰苦，不是一般的艰苦，这个新社会长大的青年人，根本没想到有这么艰苦。但是，不管多艰苦，拿油要紧。于是我就问指导员："你当了几年解放军，打仗时遇到这么多困难怎么办？是上还是退？"

"我没有打过仗，我想怎么也不能退。"指导员孙永臣说："绝对不能退！剩下一个人也要上！要顶着上，直到胜利为止。"好，我们两个人的想法一样。我们就带着这个问题学毛主席著作。毛主席说："中国的革命是伟大的，但革命以后的路程更长，工作更伟大，更艰苦。"搞油是野外打井，不能把井架安在楼房里，安在城市里，过去是这样，现在是这样，今后还是这样，这是工作性质所确定的。现在我们少数人的吃苦，能换来多数人的幸福，换来子孙万代的幸福。这就是我们石油工人最大的幸福。

我认为怕不怕艰苦奋斗，是革命不革命的问题，如果不艰苦奋斗，就要贪图享受，就要变质。打几个漂亮仗是不难的，要是做一辈子艰苦的事情，就要不断学习毛主席著作，不断改造自己才能办到。

钻机没到，我们派人去车站打听钻机什么时候到，有的人平井场，做准备，我所关心的是这个地方地层好打不好打，钻井速度快不快。毛主席教导我们，"没有调查就没有发言权"，所以我就到处了解地层情况和钻井速度，并且组织全队学习《实践论》和《矛盾论》。越学心里越明亮，大家说：拿下大油田，一定会碰到许许多多的困难，还会有这样那样的矛盾。但是，石油满足不了国家的需要，才是最大的矛盾。这个矛盾不解决，帝国主义就会利用这个缺口，卡我们，封锁我们。上，有困难；不上，就更困难。出路只有一条，就是坚决战胜困难，高速度、高水平地拿下大油田。大家都把井场当成跟帝国主义比量的战场。每个人的岗位，就是为党、为国家、为人民争光的岗位。为了多打井，多出油，刀山也要上，火海也要下，只要为了党的事业，个人的生命算什么？

没多久，钻机运到车站。那时，"快摆硬上"，来了那么多井队，吊车、拖拉机不够用。怎么办？是等，还是上？我想起毛主席的教导："我们是为着解决困难去工作、去斗争的。"是的，革命，就有困难，有困难就有斗争，这不是看戏，不是下馆子，打井就是革命，国家缺油，就要拿出油来，搞油就有困难，你不去斗争，要我们共产党员干什么？我们马上开了支委会，组织大家学《愚公移山》，发动大家讨论怎么办？同志们说：干革命不能等，有条件上，没有条件创造条件也要上，人拉肩扛也要把钻机弄到井场。大家一个个像小老虎，硬是用绳子拉，撬杠撬，木块垫，一寸一寸、一尺一尺地把六十多吨的钻机拉到井场，安装好。

开钻打井得有水，当时，水管线没安好，水罐车又没有，怎么办？好多人说：没水，我们就用脸盆端也得开钻。这时候，有个人说："你们见过哪个国家是端水打井的?"我说:"就是我们国家!我们就是尿尿也要打井!"就这样,用大桶、小桶、脸盆硬是端了一百多吨水,才开了钻。

"困难是欺软怕硬,你的思想是硬的,它就要变成豆腐,你要软,它就硬"

开钻不久,又遇到漏层。大伙说:漏多少,端多少。把村子里水井的水端干了,我们就跑到一里多地的水泡子,砸冰取水。终于战胜了漏层,用六天多的时间,打成了第一口井。当我们看到哗哗喷出的石油,大家都高兴地跳起来。通过实践,我深深体会到:和自然做斗争就不能怕困难,困难是欺软怕硬,你的思想是硬的,它就要变成豆腐,你要软,它就硬。

打完第一口井要放井架搬家,没有拖拉机,我们全体职工硬是想办法,用人拉放井架。在指挥放井架时,一根钻杆滚下来把我的腿砸坏了,我昏过去了,醒来一看,工人抱着我的腿哭,井架还没放下来。我急了,就说:"打仗时伤了人,你哭,敌人把你们都活捉去,能哭吗?"我就坐起来继续指挥放,工人就把衬衣撕下来给我包住。井架放下来,大家让我住院,我不去。这天是"五一",战区召开万人大会,我说:"这是第一次万人大会,不去怎么了解大会精神,又怎么能多打井,快打井,打好井。是腿要紧,还是出油要紧?"并和大家说好,谁也不准给领导讲,大家给找了个马车,把我送去了。

万人大会上,工委领导表扬了我们,给我披红戴花,让骑大马,叫我讲话,还号召全体职工向我学习。向我学啥啊,我们才打了一口井,还是工委领导亲自领着我们全体职工干的,没有党的领导,没有全体职工,我能干个啥,心里感到不安。万人大会上工委提出:尽快拿下大油田,"六一"把原油运出去,坚决要打个大胜仗。我听了这个号召后,忘了腿痛,当晚赶回队去,就和大家讨论怎么办?大伙说:下一口井是战区第一口生产井,要力争把我们打的第一口井的原油运出去,支援全国建设。干工作光有一股子干劲猛冲猛打是不够的,三国有个张飞,他还粗中有细嘛!我们立即总结打第一口井的经验,给打第二口井提办法。

  坏腿的事,以后领导还是知道了,对我非常关怀,硬是把我送到医院。在医院里怎么能躺得住呀!万人大会上工委的号召,全国人民都在眼巴巴地看着我们,我还在住院,这怎么行?我就偷着溜回,参加打第二口井。我拄着棍,在井口上指挥,不久终于打成了战区第一口生产井,保证了"六一"原油外运,支援全国建设。

  1961年2月成立大队,我当了大队长。不久,领导指示我们转移到南线去打井,这时矛盾出来了。有个队的干部找我说:"我给你提个意见,你一来就在南线打井,还不知道南线压力高,容易井喷,倒霉的井都在南线,我们可不能去啊!"我说:"你说的,我们国家就是要打喷的井,把原油喷得哗哗的,多好啊!为什么怕它喷呢?"经过我们调查,这不是一个人的问题,是代表一部分人的思想。党总支召开会议经过讨论分析认为,有的队对南线地层不太了解,没在南线打过井,怕井喷,怕井斜,是认识不清楚,一定要先解决思想认识问题,决定开展大讨论:国家打井干什么?要打什么样的井?要不要打有压力的井?谁去打?经过大讨论,使职工提高了认识,鼓起了敢于斗争、敢于胜利的信心。工人们说,"怕什么啊!我们党和毛主席领导中国革命,小米加步枪,打出了个新中国,南线高压层有什么可怕的呢!"这一年打成了九十多口井。

"按毛主席的实践论去干""根据我们的条件,走我们自己的道路"

  1962年以前规定井斜不超过五度,1963年工委又提出高标准,不超过三度。工委领导同志问我:"拥护不拥护?"我说:"坚决拥护,依靠党、依靠全体职工,按毛主席的《实践论》去干。"回来我们就组织全体职工学《实践论》,按毛主席实践再实践的教导,我们坚决走自己的道路。工委领导亲自组织我们钻井队的全体职工讨论,同时组织一部分技术干部和老工人"三结合",一边摸索着干,一边总结经验。我们边实践边找办法。最后,打成了只有两度多的直井，以后又打出只有半度的直井。

这次打直井对我教育得深。这是在工委的直接领导下，使全体职工知道了打直井的意义，掌握了地层和设备的规律，所以打得又好又快。我过去打了不少的井，有的井打得好，也打过斜井。为什么？主要是没注意政治工作，没抓人的思想，首先是我的思想歪了，所以，才打出了斜井。要打直井首先我们脑瓜子里要有个直井，要有高度的政治责任心；脑子里没有个直井，一辈子也打不出直井来。

1965年，工委又提出高标准，要打"三一"优质井（一天、一个钻头、打一千米）。有的井队想到又不敢打，有些人怕丢掉标杆队。我说：我打，我就不怕摸老虎屁股。干革命就不能怕担风险，还没干就吓回来了，那还行。这时，另外一个队也打"三一"优质井。两个队并排打，我一面打，一面把发现的问题告诉他们。结果，那个队打成功了，我把井打斜了八度。我在会上向大家检查说，井打斜了是我的责任，不算大家的事，你们的责任，就是帮助找原因。最后总结出八条经验，连续打出六口"三一"优质井。

通过在大庆几年会战，我深深体会到，毛主席怎么讲，就怎么做，什么困难都能克服。克服困难，首先要有克服困难的信心和决心。不能光看到困难，也要看到成绩，看到有利条件。克服困难光嘴上说不行，要研究困难，想办法解决困难，去做工作才行。克服一个困难，就增加一分革命信心。

"要与天斗、与地斗、还要与人的错误思想斗"

干革命不仅要与天斗、与地斗、还要与人的错误思想斗。一个人想什么，也得有个规格，有些事情是不能想的，有些事情是可以开阔地去想。要想，就要想怎样拿下大油田。想这么多困难怎么克服，想我们给全国每个人多少石油，想社会主义建设。

有一个青年工人，是我喜爱的徒弟，有一段经不起考验，闹情绪要回玉门。我就把他找来严厉对他说："你还记得你刚到玉门是个什么样子吗？穿条裤子露着腿，穿件衣服露着肚子，一双鞋补了又补有几斤重，你忘了吗？我可没忘，我也穿过几斤重的鞋。现在你身上穿着毛衣，床上铺着缎子被，这些都是怎么来的？都是党给的，毛主席给的。"说得他直哭，他承认错误说："我错了，你说咋办哩！"我说："好好干，我们苦，顶多是多出两身汗，少睡一点觉。你看我们的革命前辈，那么大的年纪还跑到草原上来吃苦，为什么？我们应该好好想一想，向老前辈学习。"

热爱党、热爱毛主席、热爱社会主义，不能站在房子里热爱，不能光举拳头热爱，不能在口头上热爱，要干事。我们是打井的，把井打出来，把油拿出来，才是真正的热爱，不干就等于瞎说。热爱要永远热爱下去，就必须永远老老实实干下去。

有一次打完进尺，射孔层位固定不下来，耽误了十几个小时。射不了孔，就搬不了家。那时井多人少，新地层，一时也难定下来。于是我赶紧地跑到地质指挥所，问他们是怎么搞的。有个同志说："你干什么的？"我说："我干什么的？我就是找你们麻烦的！你们确定不下来，射不了孔，搬不了家，耽误多大事呀！"有人劝我说："不要着急，顶多耽误一会儿打井。"我一听就觉得不对味，怎么能说这样的话呢！少打一口井，和帝国主义、反动派斗争就少一分力量。我就跳起来说："为什么让我耽误一会儿打井，为什么不让我多打两口井？你有什么理由？"越说越生气，我往桌子上一坐说："晚上我不回去，你们什么时候确定，我爬起来就走。"

"任何艰巨任务不可怕，任何艰苦环境也不可怕，忽视政治领导最可怕。政治是灵魂，绝对忽视不得"

一二〇五是我原来所在的那个队，从玉门到大庆，是连续七年的标杆队。1963年全国经济形势好转，井队干部说："标杆，标杆，要蒸出白馒头给人看看，进尺上不去，不像个标杆样子。"背上骄傲包袱，就放松了政治，忽视了思想工作。结果有的工人听说猪肉值钱，就想回家养猪，说养猪比干钻工强；有的工人离开岗位去看电影。队上有名的"小老虎"变成了"小老鼠"，事故接连发生，着了一把火，打废了一口井，造成很大损失，上半年就丢了"标杆"。这时干部才清醒过来，坐下来搞了一个半月的整训，总结教训。干部检查说："那时，干部一心只想'扛红旗'多打井，只管自己扛着小红旗朝前跑，出现了那么多问题还不知道，真危险啊！"

工人的问题是干部的问题，下面的问题是领导的问题，一切问题是思想问题。一二〇五队的问题，是我大队长的问题，是我忽视了政治，在思想上放松了领导，认为像一二〇五队这些先进队，在1960年、1961年和1962年那么困难的时候，都是抢山头的队伍，拖不垮，打不烂，现在好转了，还会有什么问题！所以抓得就没有以前那么紧，去的就少了一点。这样一忽视，走了个大弯路。我到队上去检讨了三天。在工委的关怀下，在钻井党委的领导下，井队职工通过这次整训，进一步提高了认识，进一步树立了不为钱、不为名、不怕苦、不怕死的革命人生观。"小老鼠"又变成"小老虎"。上半年找到教训，下半年加强政治工作，结果是打一口井，成一口井，口口井合格，一直地上来了，1964年和1965年又成为标杆队。通过这次教训我进一步地认识到，任何艰巨任务不可怕，任何艰苦环境也不可怕，忽视政治领导最可怕。政治是灵魂，绝对忽视不得。

"思想斗争一点也不能放过，要斗争一辈子，斗到底"

思想斗争一点也不能放过，要斗争一辈子，斗到底，斗争到停止呼吸的时候算。也有的人劝过我说："你不要见事就管，见事就说，刚强是非多呀！马马虎虎，睁一个眼闭一个眼算了！"我问他："你从哪里学来的谬论啊？为什么刚强就是非多？"他说："刚强到处惹人不爱。你见事就说，怎么了得。"我说："党叫我到这里来干什么？我为什么不说？按党的指示，应该说的我都说，应该干的我都要干！我要斗争一辈子，斗到底。为了党，为了革命，我有什么可怕的。"

毛主席教导我们说："工作就是斗争。""我们是为着解决困难去工作、去斗争的。"在大庆通过六年会战我深深地体会到：一个革命者的一生，就是战斗的一生，就是克服困难的一生，要艰苦奋斗一辈子，要斗争一辈子。斗争就是与天斗，与地斗，与阶级敌人斗，与人的错误思想斗。要永远斗下去，我们斗不完，叫下一代再斗，直到斗出个共产主义来。

"全是党的教导和毛主席思想的指引"

我所以能为党、为人民做些工作，这全是党的教导和毛主席思想的指引。在旧社会我六岁拉着棍子领着双目失明的父亲讨饭。1938年玉门油矿一成立，我就被拉去当民夫，干了十年，受苦卖命，没捞到一套铺盖，铺的是一摊麦草，盖的是一张烂羊皮，没上过钻台，没摸过刹把。解放后，经过民主改革，反封建把头，诉了苦，提高了觉悟。是党救了我，翻了身，当了国家主人，还培养我当了副司钻。那时我只想好好学技术，为党好好工作，报答党的恩情。

以后，我入了党，在党的不断教育下，阶级觉悟又有不断提高。知道了世界上现在还有好多像我母亲那样，在旧社会被保甲长打了又打的人；还有好多像我父亲那样，受地主打骂反被判了几年徒刑的人；还有好多像我那样讨饭、失业、受剥削、受压迫的人。共产党员是国际主义者。我是一个共产党员，现在打井，是为了祖国富强，也是为了支援世界上那些求解放闹革命的人。认识到以前那种单纯报恩思想是低水平的。懂得打井就是革命，打井就是和反动派打仗，打井就是为了全世界被压迫的人民得解放。

在党的培养下我由一个普通工人，当了干部，从井队长、大队长，到现在的副指挥。一个共产党员不能说水平低不干啊！这是党的信任。我总想我是个钻工，当了干部还是钻工，要永远参加劳动。毛主席教导我们要当"孺子牛"。我从小放过牛，最摸牛的脾气，牛吃草，马吃料，牛的享受最少，出力最大，所以，还是当一头"老黄牛"最好，我甘愿在石油战线上，为党、为人民艰苦奋斗一辈子，当一辈子"老黄牛"。

怎么样才算艰苦奋斗？以前认为共产党员只要吃苦在前，享受在后，多干活，少睡觉，就是艰苦奋斗。在会战期间，一些老首长的艰苦奋斗精神，深深教育着我。我想他们职位那么高,年龄那么大,为国家搞油,来大庆和大家一起吃苦,为什么?学了毛主席著作,我明白了"夺取全国胜利,这只是万里长征走完了第一步。""中国革命是伟大的,但革命以后的路程更长,工作更伟大,更艰苦。"革命先辈艰苦奋斗,英勇牺牲夺政权,万里长征才走完第一步。而现在在社会主义革命和社会主义建设时期,他们为了实现共产主义还在继续艰苦奋斗。我也是一个共产党员,不能只是多干活,少睡觉,这是低标准的艰苦奋斗。应当能为革命担更重的担子,能在最复杂的环境里做艰苦工作,能在最困难的时候顶上去,能在最危险的情况下不怕牺牲,能做别人不愿干、不敢干的革命工作。艰苦奋斗是党的性质定了的,为了实现共产主义,就要艰苦奋斗一辈子。更主要的是教育青年要艰苦奋斗,把党的光荣传统世世代代传下去。

"成绩要记在党的账上,记在毛主席的账上,记在全国人民的账上,我只能有个小本子记差距"

1964年党中央表扬我们,我就和同志们大学两分法。毛主席教导我们"虚心使人进步,骄傲使人落后"。我就想,搞好工作是党指的路,叫我们走的;没走好,出了问题,领导把责任承担去,干出点成绩就大力表扬,这成绩要记在党的账上,记在毛主席的账上,记在中国人民的账上,我只能有个小本子记差距。所以,我就和同志们到三矿四队去学习严细作风,回来针对我们的井场大找差距,找出脏、松、漏、不完全和不整齐的大量差距,紧接着就找原因,主要是老毛病旧习惯造成的。我们就与老毛病斗争。

有一次,我到井场检查工作,一眼看到一个工人擦机器用手抓油,然后将满手的油又擦在衣服上。我觉得这是个坏作风,应该反掉,就批评这个工人。这个工人说:"我第一天到井场,看见师傅就是这样做的。"我就把他师傅找来,批评他没有带好徒弟。这个师傅说:"当初我学徒的时候,看见你也是这样做的。"追来追去追到我的头上来了。

我就向工人做了检查,我说:"我是十多年前的老毛病,现在已经改掉了，你们千万别跟我学这种坏作风。"以后，我就随时地注意克服自己的老习惯、老毛病。这样的事还多着呢！我只是举个小例子。要想有个好作风，首先是言教身带，先严格要求自己，再要求别人。

表扬和批评都是推动我们前进的力量。不能受了表扬，把功劳记在自己账上，沾沾自喜，翘起尾巴；也不能受了批评就垂头丧气，甚至有意见。

我以前工作不讲方法，批评人有些硬，有的同志对我有意见，我还想不通，学了毛主席著作，思想提高了。毛主席说："脸是应该经常洗的，不洗也就会灰尘满面。"自己一个脑瓜子看不到缺点，大家那么多脑瓜子看得清楚，脸上有黑，别人给你擦掉有什么不好啊。领导和同志们批评得对也好，不对也好，我应该首先检查自己，严格要求自己。工作究竟干好了没有？干对了没有？干得不好，不对，就要接受意见，坚决改正。

1961年我们射孔错了。领导在一次会上批评我们。我晚去了一会儿，刚到门口，有个工人就对我说："赶紧趴下趴下！"我说："趴下干什么！"他说："领导正在批评我们呢！"我说："你这个同志说的，我戴红花的时候，你让我抢着往头那走，批评了，就叫我悄悄地趴下当狗熊？我不能当这个狗熊！"我就是要到前面去，更好地听听领导的批评。

"紧紧跟党走，跟着毛主席走，要跟紧、跟准、跟好"

我深深体会到，毛主席思想是力量的源泉，是一切胜利的根本。毛主席的思想多一分，人的志气就增加一分，生产就前进一步。只要努力学习毛主席著作，按毛主席的指示办事，自己不骄不躁，艰苦奋斗，一切困难可以克服，一切矛盾都可以解决，工作就可以搞好。

我生平最难忘的就是见过我们伟大的领袖毛主席。1959年我见过毛主席，1964年参加全国人民代表大会时，又看见了毛主席，兴奋得我直流热泪。我这个在旧社会放牛的穷汉，是党和毛主席使我站了起来，当了国家主人；是党和毛主席教育我成长壮大，给了我无穷的力量和智慧；是党和毛主席给我指引了大道，使我有了方向不断前进。我为党只是做了一点应做的事，党却给我很高很高的评价。这荣誉应归于党、归于毛主席。我做的还很不够，表扬是给我提出了最高的要求，今后要更好地为党工作。

第三个五年计划开始了，党和全国人民向我们石油工人提出了更高的要求。我们要更加加紧学习毛主席著作，加深队伍的革命化。要继续艰苦奋斗，继续走自力更生的道路，把油田建设得更好。革命需要多少油，我们就拿出多少油。要紧紧跟党走，跟着毛主席走，要跟紧、跟准、跟好，党指到哪里，就打到哪里。

(《人民日报》1977年3月28日刊登)

在革命的岗位上

——大庆油田北二注水站工人创建岗位责任制
对革命事业高度负责的事迹

（摘　录）

一九六二年六月二十一日，辽阔的大庆草原阳光灿烂。这天上午，我们敬爱的周总理亲临大庆视察，来到了北二注水站。周总理仔细观看了工人们刚订立起来的岗位责任制度，高兴地点着头，连声说："好！这样做好！"总理亲切地和工人们一一握手，勉励他们说："你们的岗位挺重要啊！"

十五年过去了。北二注水站的工人们牢记毛主席的教导和周总理的指示，顶住林彪和"四人帮"刮起的阵阵妖风，坚持岗位责任制十几年如一日，把高度的革命精神和严格的科学态度结合起来，使注水站管理得越来越好，管理水平越来越高。

北二注水站的每一个指示灯，每一块仪表，每一排阀门，每一台高压离心泵，十五年来始终洁净、锃亮。全站九台设备，始终保持零件齐，仪表灵，运转稳，出力足，不渗不漏，不脏不锈，设备完好率和设备利用率都达到百分之百。十五年前建站初期领来的二十六件工具，至今一件不少，始终对号入座。即使在伸手不见五指的黑夜，工人们取用工具也能随手拈来。打开存放资料的卷柜，十五年来全站录取的一百万零六千多个资料数据和应有的设备档案，全部成套保存，齐全准确。注水站实现了安全生产，未发生任何事故，至今已经五千四百多天……

"一把火烧出来的问题"

一九六二年春天，大庆石油会战进入了第三个年头，全面开发油田的会战打得热火朝天。大庆工人以革命加拼命的精神战天斗地，使茫茫荒原上奇迹般地出现了日新月异的变化。

正在这时候，和北二注水站相邻的中一注水站，由于管理不善，具体事情无人负责，发生了一场严重火灾，把一座崭新的注水站烧成了废墟。

一把火烧出了一个尖锐的问题：油田建站在迅猛发展，但管理工作跟不上。这是当时摆在大庆建设者面前一个突出的矛盾。这场火灾震动了整个大庆。会战工委立即召开现场会，发动广大干部、工人围绕"一把火烧出来的问题"展开大讨论。

许多工人赶到现场，看着冒烟的废墟，心痛得几天咽不下饭，睡不好觉。夜深了，工人宿舍里依然亮着灯光，人们七嘴八舌地议论开来。有的说："这把火暴露了我们工作中的矛盾。看来，要管好泵站，必须把革命干劲和科学态度结合起来，把实现远大目标和本岗位的工作结合起来。"有的说："我们要学习解放军，要像解放军哨兵那样坚守岗位。"有的说："我们要建立合理的制度。没有制度，有劲也没处使。"

问题一个接着一个摆了出来。北二注水站的工人们经过讨论，大家悟出了一个道理：党有党章，国有国法，厂有厂规，管好社会主义企业，必须要有一套科学的规章制度。于是，在党支部的统一组织下，大家一起动手总结经验，建立制度。

苗安安班在工作岗位上一向分工明确，每样东西，每件事情，由谁管，怎么管，都落实到每个人头。他们经过跟班写实，总结出了岗位专责制。

田发林班在上班时，总是把工作重点放在容易出问题的设备部位上，他们制定了检查点，每隔一定时间，就有顺序、有重点地对设备流程检查一遍，发现问题，及时解决。这个班经过讨论，总结出了巡回检查制。

张洪洲班的工人，每天都提前半小时上班。他们在交接班时，逐点逐项认真询问，不搞清楚不接班。于是，他们总结了交接班制。

接着工人们一边实践，一边继续建立了设备维修保养制，质量检验制，安全生产制和班组经济核算制。后来，又增添了岗位练兵制。

大庆工人阶级以岗位专责制为主要内容的八项管理制度，就是这样，从生产实践中，从群众中，诞生了。以后，随着生产的发展，工人们对这一套制度又不断地进行了修改、完善。

这一套制度，完全打破了"领导立法、工人守法"的修正主义框框，而是来自群众，来自实践，简明扼要，易记易学。它反映了生产的客观规律，符合广大工人的心愿，把日常生产上的一件件具体事情和工人群众建设社会主义的积极性结合起来，把工人们的政治责任心变成了管好生产的巨大力量。工人们高兴地说："我们的制度是土生土长，自己订，自己用，记起来好记，做起来顺手。"

岗位责任制的灵魂是政治责任心

大庆人常说："岗位责任制的灵魂是政治责任心。"有了政治责任心，就有了坚定的原则，办起事来丁是丁，卯是卯，自觉从严，一丝不苟。制度怎么规定就怎么办，不马虎，不凑合，不走样。

这种政治责任心，就是"对工作的极端的负责任"的精神，它来源于对革命工作的无限热爱。

一个初春的上午，共产党员、老工人苗安安像往常一样，沿着巡回检查线路，逐点逐项认真地进行检查。一切都正常，他迈着轻快的脚步返回值班房。当他从三号水泵的电动机底座旁经过时，忽然觉得脚底下轻轻地震动了一下。这是往日不曾出现过的一个新情况。他顿时收住刚提起来的脚，放回原地，一动不动地站在那里。一分钟，两分钟，五分钟过去了，没有什么动静。按照制度规定，这个地方并不是检查点。但是，那轻轻的一震是怎么回事呢？不搞清楚震动的原因能抬脚过去吗？不，不能。他仍然一丝不动地站在那里观察。七分钟，八分钟过去了。忽然，脚底下又是轻微地一震。以后，每隔七八分钟，就轻轻地震动一次。

为了把这个情况搞个水落石出，苗安安聚精会神地观察了十几次，用了整整两个小时。经过反复分析，他断定是电动机轴瓦发生了故障。他立即停泵检查。果然，电动机轴瓦已有轻微的磨损了。

苗安安及时发现，及时处理这次故障，避免了一起重大的烧瓦事故。

北二注水站的工人们，严格执行岗位责任制，不是做了一件事、两件事，而是做了成千上万件事；不是坚持了一天，一年，而是坚持了整整十五年。

有一次，离交接班时间还剩半个小时，值班工人小王习惯地打开设备运转记录本，开始填写天天要填、年年要填的设备运转记录资料。当他填到一号泵连续运转的时间这个数据时，他嫌麻烦，把两万多个小时后面的尾数"零八分钟"略掉了。他想，一号泵已运转了两万多个小时，还留着"零八分钟"这个"小尾巴"干什么，于是只填了整数、把"小尾巴"割掉了。

这件事被党支部书记发现了。晚上，党支部组织全站职工开会。会上，老工人以亲身的经历，回忆旧社会工人受地主资本家的压迫、盘剥，和今天工人当家做主做了对比，还讲述了大庆会战的光荣传统，"三老四严"的革命作风，和北二注水站的建站史。大家说，我们执行制度，就是要一丝不苟，分秒不差，"三老四严"不能掺半点假。一号泵安全运转两万多小时零八分钟，这是设备运转的准确记录。随意割掉"零八分钟"这个"小尾巴"设备档案就不准确了，记录就不完整了。

大家一边讲着，小王的脸感到一阵阵发热。第二天，资料员就在设备运转记录本上，工工整整地在两万多个小时后面填上了"零八分钟"这个"小尾巴"。从此，工人们严格填写运转记录。如今，一号泵已经安全运转了八万三千一百六十四个小时零九分钟了。

十五年来，随着油田建设的飞速发展，北二注水站的人员已经先后换了七茬。党支部始终坚持不懈地对工人进行阶级教育、传统教育和纪律教育，提高大家的主人翁责任感。大庆的岗位责任制为什么有强大的生命力，就是因为它不是靠单纯的行政命令，而是靠深入的政治思想工作，把执行制度变成了广大群众的自觉行动。

（出自《人民日报》1977年3月12日）

我们是怎样创出"四个一样"工作作风的

黑天和白天干工作一个样

坏天气和好天气干工作一个样

领导不在场和领导在场干工作一个样

没有人检查和有人检查干工作一个样

20多年过去了,这"四个一样"一直萦回在我的脑海里。每当有人提起这"四个一样"的由来时,当年李天照井长带领我们创出"四个一样"的情景就会清晰地浮现在我的眼前。

自1960年大会战拉开帷幕后,不到一年时间,油田建设已初具规模,开始投入试油生产的第二战役。

1961年7月,采油二矿五队成立了5-65井组,因为只有李天照和我是党员,组织上就让李天照为井长,我为副井长,全井组11名职工管理5-64、5-65、5-67三口自喷井,值班中心岗设在5-65井。

我们这些参加大会战的来自五湖四海。我从部队复员来的,是个摸枪杆子出身的;刘玉智从山东老家招工来的,是个抒锄杆子出身的;张学玉从佳木斯分配来的,是个捏笔杆子出身的;李天照是1956年从技校毕业,在玉门油田干了5年的老大哥。除了李天照外,我们都没有搞过石油。当油水井的生产管理交到我们手中后,我们的心是沉甸甸的,感到这副担子既光荣又艰巨。光荣的是党和人民把多出油、出好油,甩掉贫油帽子、为国争光的重任交给我们了。担心的是我们没有搞过油,不知道怎么搞。像我们这种情况全油田是普遍的。主要原因是没有一套科学的管理方法和行之有效的规章制度。针对这种情况,会战工委提出了"从大量的、常见的、细小的工作入手,全面管好生产"的号召,要求全油田建立和健全岗位责任制。我们的岗位责任制是写在纸上、贴在墙上。但制度是死的,人是活的,每个同志能否认真执行?李天照同志说:执行岗位责任制的灵魂是责任心,只有树立起主人翁责任感,才能自觉地、始终如一地执行岗位责任制,才能管好生产。"四个一样"就是在这种情况下产生的。

1963年7月份的一天,天气突变,瓢泼大雨倾泻而下,片刻间,井场周围积满了没脚脖深的雨水。一小时一次的检查时间到了,雨还是下个不停。上4点班的学徒工刘玉智从值班房探出头来,望了望西边露出一线亮光的天,连忙侧转身去,问李天照:"井长,这雨下不长,等它住一住,咱再去检查吧!"李天照望了望值班室外,大风把豆粒大的雨点吹得斜成一线砸下来,撞出一串一串的大水泡,这么大的风雨,水套炉能不能呛风倒烟呢?李天照犹豫一下后,斩钉截铁地说了一声"不行!"操起工具,三步并两步,冒雨冲出了值班房。他按巡回检查路线逐点逐项地检查了采油树、分离器,最后沿着干线堤去检查加热炉。几次跌倒了又爬起来,走到眼前一看,加热炉底部已经进水了,火苗挟着黑烟呼呼地从炉口往外喷,眼看就要呛灭了,他拿起铁锹,挖了3条小沟,排出积水,重新调好合封。他一直站在雨水里,直到加热炉燃烧正常后才松了一口气。等他回到值班室,浑身上下已经湿透了,雨水顺着头发、袖口和裤脚直往下淌。他一面脱下上衣来拧干,一面对刘玉智说:"小刘啊,越是坏天气,越是容易出问题,以后可得要注意。"刘玉智惭愧地低下了头,他掏出钢笔来,把井长的话一字一句地写在工作记录本上。

一天夜晚,乌云吞没了月亮,藏起了星星,草原上一片漆黑,伸手不见五指。已经是11点半钟,我和队长白荣岗来到5-65井组,检查夜班工人的交接班情况,到井场时正是半夜零点的交接班时间,只见交接班的两个同志逐点地检查井口设备上的46个点。我和白荣岗队长就在暗中看他们怎样交接班,只见他们在分离器房停下来,接班的工人李润纪用手摸摸量油玻璃管,摇摇头说:"不行,上边有油渍,你擦干净了我才能接班。"交班工人二话没说,拿起一片毛毡把玻璃管擦得亮晶晶的。

白荣岗队长被他俩执行岗位责任制、认真交接班的精神所感动，在第二天安全讲话会上表扬了他俩的做法。我到井上值班时告诉李润纪："白队长昨天查你们，今天还表扬了你们。"李润纪笑笑说："查也不怕。咱干活，夜班和白班一个样，一点都不马虎。"我笑着拍了一下他的肩膀说："好，你们这样做真棒，把这一条也写到工作记录上，作为咱们井组的一条纪律吧。"

一天晚上，蒙蒙细雨像雾一样遮天盖地，我和李天照冒雨来到井场检查工作。快到井场了，李天照看了腕上的夜光表，时针正指着 19 点 57 分，距离检查时间的 20 点只差 3 分钟，值班的张加祥该出去巡回检查了，井场上怎么还是一片漆黑？我正在纳闷的时候，井场上的照明灯突然亮了，门"吱呀"一声响，值班房里走出一个熟悉的身影，那人拿着一把管钳，大步地走进井口房，仔细地检查着采油树的阀门。

"是他，真是跟钟表一样地准时。"李天照对我说着，高兴得几乎喊出声来，我们暗地里看着张加祥按顺序检查完井口设备，又嚓嚓地踏着泥泞，沿着管线向前检查去了。张加祥手里的电筒忽明忽暗，从那淡黄色的光柱里，还看得见雨丝在闪亮。

我们走进值班房，李天照井长说："老张，你今天检查得挺严呀。"张加祥没想到自己的井长冒雨上井，心里热乎乎地答道："井长，你不用操心了，干活嘛，领导在不在，干活都一样，这一条也定为咱们井组的一条纪律吧。"

我们井组的每一件设备都严格地执行挂牌制度，凡是启动的设备、开着的阀门都挂上一个"开"字牌，停运的设备、关闭的阀门就挂上一个"关"字牌，使任何人在任何情况下，通过挂着的牌就能掌握设备的运行情况。

一天零点刚过，李天照井长悄悄地上井，把套管阀门上的"开"字牌，暗暗地换上了"关"字牌就走了。

第二天一大早，李天照井长就到井上去检查，看到夜班工作记录本上写着这么一条：接班时，套管阀门开着，挂"开"字牌。夜一点检查时，套管阀门开着，却挂错了牌，不知何人把"开"字牌挂成了"关"字牌。李天照看完就笑了，夜班工人于贵业一见他笑了，心里就猜着八九分，就问道："井长，可是你动了我们的牌子？"李天照笑了笑说："对了，我就是考验考验你们哩！"于贵业严肃地说："那还有啥含糊的，查不查俺都是一样干工作。"李天照井长听完这句话，沉思了一会儿，就把"查不查都是一样干工作"这一条也记入到井组的纪律中去。

　　就这样，我们凭着高度的革命自觉性，兢兢业业地干好采油工作。自井组建立以来，经过上级领导三千多次的明察暗访和20多次的大检查，没有一次脱岗、串岗、睡岗的。在井上录取的2万多个地质数据无一差错；油井各种设备上的863道焊口、156个大小阀门没有一处漏油跑气的，管理水平在全油田被评为五好红旗井组。1964年初，新华社记者袁木、冯健来到我们井组，和我们同吃同住同劳动，把我们井组的做法总结归纳出"四个一样"，以长篇通讯形式发表在《人民日报》和大庆《战报》上。从这以后，会战工委也多次到我们井组召开现场经验交流会，"四个一样"很快就传遍了全油田。

　　一天下午，李天照到会战工委开会，接受命名表彰去了。

　　我们吃过晚饭，就像盼星星、盼月亮似的盼井长，一直到深夜10点多钟，我们都钻进了被窝，李天照才眼睛眯成一条缝，笑滋滋地进屋了。刘玉智一个高蹦到地下来，一把从井长手里抢过奖状展开一看，十二个烫金大字，呵！"首创四个一样的李天照井组"，还是石油部通令嘉奖的呢！我们兴奋地围坐在地窝棚里的大通炕上，互相传看着、打闹着，眼里都浸出了激动的泪花。

　　已经是下半夜，我起来解手时，看到灯还在亮着，李天照下颌顶在枕头上，眉头拧成"川"字形，地下扔着一堆旱烟头，我惊奇地问他："是得了奖状高兴得睡不着了吗？"李天照翻了身，叹了口气说："高兴是高兴，更多的是担心，担心的是四个一样虽然在油田叫响了，长期地坚持下去却是一个大难题。"他指着大通炕上睡得呼呼山响的6个同志说："刘玉智的老家总来信，每次来信他总愁眉苦脸的。李润纪呢，身在井上，心在家里，最近上夜班总好躲在门后打瞌睡。要想把6个人都扭成一股绳，难哪！"我再也没有睡意了，一直和井长聊到起床。

有一次，刘玉智的父亲又来信了，家中受灾颗粒未收，让他务必邮回几十元钱去。学徒工工资一个月才18元钱，只够到老百姓那儿买3斤土豆吃，勉强糊口，养家太难了，愁得刘玉智吃不下饭，睡不着觉，工作上更是丢三落四的。有一次，他当班填写工作记录时，90多个数据居然错填和漏填了11个。

这天夜晚，李天照趁同志们都已入睡的时候，跟刘玉智肩靠肩地坐在一起，倾心地交谈起来，李天照像兄长似的安慰刘玉智，告诉他要学会安排生活，尽自己的能力照顾好家。然后才语重心长地说："全国都受灾，家家的日子都不好过，国家还勒着裤腰带还外债。俗话说，锅里有了，碗里才有，要想自己过得好，首先要使国家富强起来。我们几万人来这荒凉的松辽草原干什么来了，就是给国家创造财富来了，给全国人民争气来了，咱们石油工人的担子可不轻啊。个人再有啥难事，总还是一个人的事，万万不能影响工作呀。"说完了，交给刘玉智20元钱。刘玉智吃惊地问："井长，你这是……"李天照深情地说："我是二级工，比你挣得多，家庭负担也比你轻，就算我给老人买点东西吧。"刘玉智何尝不清楚，井长的家也来过信，管他这个吃"皇粮"的国家工人也要过钱哪。从这以后，刘玉智从个人的烦恼中解脱出来，振奋精神干工作。有一天下午，乌云翻滚，电闪雷鸣，顷刻间，暴雨转中雨，连下了10多个小时，正在值班的刘玉智从下午4点到夜里零点，连续6次出去检查，被淋湿了6次，每一次都是在水套炉墙上烤个半干后再去检查，在这次大雨中，没有一口井的水套炉被浇灭，更没有一个干线加热炉被浇灭。

那是进入三九严寒后的第五天晚上，零下30多摄氏度的西北寒风挟着雪粒，呼啸着、撕扯着本来就冻裂了的大地。李天照从矿上开完会回来已是晚上9点多钟了，他看着进入梦乡的同志们，看着窗外的冒烟雪，想到井上只有两个人值班，井场周围三五里路没人烟，担心井上出事，可又怕冻坏了同志们。想到这里，他轻轻地穿上老羊皮袄，扑进风雪中。

当他走到5-67井时，不太熟悉采油工作的学徒工刘庆廉连冻带急，快要掉眼泪了。原来是5-67井水套炉被大风吹灭，小刘用了一盒火柴，一个多小时也没点着，管线内的油温在急剧下降，再有一个小时不点火，管线内的原油就要全部凝固冻死，灌了香肠，整个冬天都开不了井，产不了油，这可是大事故呀。李天照认识到这个危险后，一步跳进水套炉地槽里，沉思片刻后，打开水套炉炉口，掏出里面的跑油，脱下身上的老羊皮袄，挡在炉口上，让刘庆廉把炉火点着。为了使炉火稳定下来，李天照蹲到炉口边上举着皮袄挡风，冻得他浑身上下直起鸡皮疙瘩，牙关直打战，直到炉温恢复上来，他才披上皮袄，又到别的井上去了。第二天，李天照就得了重感冒，一连吃了7天药才见好。

李天照同志就是这样，井组里的同志有病了，他做好病号饭，亲自送到床头，他替身体不好的同志顶班，连轴转了34个小时，累得晕倒在井场上；他把自己的棉大衣送给钱德昌穿，自己只穿一件小棉袄；他看到钟信亮的褥子破了，立刻拿来自己的褥子给钟信亮换上；每逢天气恶劣了，他都是一直陪伴在井上……

李天照同志就是这样，以一个共产党员模范带头作用，关心同志，爱护同志，严格要求，自觉从严，把全井组拧成了一股劲，形成以井为家，自觉做到"四个一样"的好作风。有一次，新工人张学玉操作不小心，把千分尺上的一个小螺栓弄丢了，他立即报告井长并做了检讨。当天他从下午找到傍晚，没有找到。第二天刚等天亮他又到井场上找，还是没找到。他想，我们井组自成立以来，管理和使用的几十件工具、仪表及生产设备至今件件完好，没有丢过一个螺栓，今天自己弄丢了一颗螺栓是小，破坏了老师傅们辛辛苦苦养成的好作风，这可是大事。

他只好请了半天假，赶到萨尔图，问遍了所有的自行车修理部、钟表和收音机修理店，想买一颗小螺栓配上，结果不是没有，就是规格不合适，都未如愿。张学玉想来想去，终于想到生产厂家。他工工整整地写好了一封信，说明原委，请技术员根据形状画了一张草图，标明了尺寸，并附上一元钱，寄给了厂家，要求工厂破例卖给我们井组一颗小螺栓，厂家被张学玉这种对工作高度的责任心所感动，免费送给一颗螺栓，他们扣除寄信用的两角钱邮费，把剩下的钱附在一封信里用挂号邮回来，信上写道："你们自觉地爱护设备，在自己的岗位上严细认真，一丝不苟，这种精神值得我们学习。"

就这样，"四个一样"成了我们井组的好传统、好作风；成了我们井组自觉执行的座右铭，使我们井组从1961年组建到1964年，管理达到"十过硬"，管井工人达到"十能"。其中主要几条是：安全生产过得硬，安全生产2045天没有发生任何大小事故。资料八全八准过得硬，累计录取各种资料数据上万个无差错。设备配件定期维修保养过得硬，使井组1860个设备部件不渗、不漏、不松、不锈，井场清洁平整。规格化上过得硬，3口井始终保持标杆井水平。在原油生产上，天天超产，月月超产，年年获油田"标杆井组"的光荣称号。李天照井长年年被会战工委评为五好红旗标兵。

20多年过去了，现在李天照井长在大港油田担任输油处处长，我也退到后线上干一些力所能及的工作。当年一起首创"四个一样"的伙伴都调得天各一方，难得相聚，不过，使我们欣慰的是5-65井的井碑经过20多年的洗礼，依然存在，5-65井组尽管人员换了十几茬，"四个一样"的好传统没有丢。

(出自《大庆石油会战——大庆文史资料第二辑》 作者 杨正培)

忆"三老四严"作风的形成

大庆"三老四严"的作风是怎样形成和提出来的？说来话长，还是让我从头说起，可能讲得不全面，但这都是我亲身经历的往事——

1962年8月，随着油田建设的不断发展，为了适应石油大会战的需要，大庆工委决定，把当时的采油钢铁四队分为3个采油队，并任命我为三矿四队的队长。消息传来，大家激动地说，钢铁四队的红旗留下，好作风我们带走。

第二天，我带领12名职工，抬着分得的两块床板和一把菜刀来到新区。这时，井场上的钻机还没有全部撤走，采油树还都没有刷漆，井场周围高低不平，杂草丛生，油污遍地。在几平方公里的草地上，点缀着数十口"光腚股"井。说是安家落户，可房无一间，我们只好挤住在老三矿的一个破烂不堪的库房里。晚上，我带领大家在煤油灯下学"两论"；白天怀揣野菜团子干在井上，吃在井上。面对艰苦的条件，同志们响亮地提出："天塌我们顶，地陷我们填，钢铁意志英雄胆，不创标杆非好汉"的豪迈誓言。于是，我将12个人中仅有的3名党员组成一个临时党小组，分头做开井的准备工作。有的负责给采油树喷油漆；有的负责挖土油池；有的负责接新来的同志和领工具等。一个多月后全队的同志都陆续来齐了，我们投产的准备工作也做完了。这时大庆工委号召全油田大搞规格化，我们队和各采油队一样积极响应。投产一口井，搞一口井。为了尽快开井夺油，全队职工冒着零下40摄氏度的严寒，苦战恶战，抡镐刨土，平整井场。不少同志的虎口震裂了，用布包扎一下继续干，殷红的鲜血浸透了包扎布，染红了镐把，都全然不顾。就这样，我们把新井投产的会战打了上去。"血染镐把战严冬"的故事也成了动人的佳话。

经过60多天的日夜奋战，终于使12口油井全部投产，每口井都达到了规格化。

投产后的一天，我踩着厚厚的积雪到西六排2号井去检查。途中，发现新来的徒工小孙手里拎着一个崭新的刮蜡片急匆匆地上井去。我心里有点纳闷：小孙井上的那个刮蜡片刚领几天，怎么又坏了？于是，我返身走向材料库，问材料员。材料员拿出一个变了形的刮蜡片说："小孙今早清完蜡，也没有注意检查刮蜡片是不是起到井口就去关清蜡阀门，结果，把刮蜡片挤扁了。还让我替他保密呢。"

我走出库房，思潮翻卷。想起从钢铁四队分出来的时候，同志们决心把好作风带到新战场。可今天，小孙却隐瞒事故，缺乏一个石油工人起码的老实态度，这么下去，怎么行呢？"小洞不补，大洞尺五"啊，我抬头看了看天空，铅块似的浓云下，纷纷扬扬撒下漫天的雪花。我转念一想，问题虽然出在小孙的身上，可这一段时间，我只忙着新井投产，放松了抓队伍的思想建设，没有提出严格的要求，根子还是在我身上啊。想到这，我往下拉紧狗皮帽子，加快脚步，急奔西六排2号井。

一走进值班房，只见小孙刚换完刮蜡片，正在用破毛毡擦手。我开门见山地问："小孙，你刚才为啥又领了个新刮蜡片？"小孙不由得脸上一红，支支吾吾地说："原来那个刮蜡片不好用，就换掉了。"我启发地说："小孙哪，要干好工作，没有一个老实态度是不行的，对任何事情，丁是丁，卯是卯，对就是对，错就是错。对待革命事业要忠诚老实……"小孙低下了头，诚恳地说："辛队长，我错了，说了假话，办了错事。"接着，他详细地讲了刮蜡片挤变形的经过并检讨说："当时自己想，反正刮蜡片没掉到井里，换一个算了，别人也不知道。以后在工作中注意一点就行了，没想到这种说假话的行为欺骗了组织，欺骗了领导。"

为了用这件事教育全队的职工，党支部决定第二天在小孙管的那口井上召开"事故分析现场会"。党支部书记李忠和重点讲了事故原因及对待事故的态度问题。他说："采油工人的工作特点是单兵作战，没有老老实实的态度，严格的要求，是管不好油井的。"小孙越听越坐不住，当即站起来，眼含热泪，激动地表示，要求把那个变了形的刮蜡片挂在自己管的油井上，要时刻不忘这个教训。我激动地说："干部是带队伍的人，我们怎么带，队伍就怎么走。我们不能严格要求自己和别人，队伍就不可能具有高度的革命自觉性。事故出自小孙，可根子在我身上，我这个队长只埋头抓生产，放松了职工的思想工作。"大家一致表示：应该把那只变形的刮蜡片挂在队上，让全队的人天天看到，时时想到，小孙的教训也是大家的教训，要说老实话，要办老实事，做个老实人，要严格要求自己，对每一件事要具有一种严肃的态度，这样才能管好油井。

  会议结束后，深冬的夜幕罩着白雪皑皑的草原。夜深人静，我们支部成员翻开了《矛盾论》边学边议。前一阵子工作千头万绪，我们当干部的眉毛胡子一把抓，结果出现了小孙的事，当前许多矛盾，究竟什么是主要矛盾？怎样把它抓住并加以解决呢？正像毛主席所说的"共产党员的先锋作用和模范作用是十分重要的"。队伍作风过硬首先要解决干部以身作则这一问题。第二天，党支部订出了"干部上岗，工人监督，要求工人做到干部首先要做到"的制度，得到了全队职工的拥护。

  没过几天，正巧是我上4点班。那天，我从矿上开完会赶到队部，一看表，离接班时间只有10分钟了。从队里到油井要走15分钟才能到，怎么办？不能因为开会就上班迟到。于是，我一路小跑，赶到井上一看表，还提前了2分钟。值班工人王化琪一看我跑得气喘吁吁、满头大汗，零下30摄氏度的天气，热得连皮帽子都没戴，拿在手上，便惊异地问："你上班为啥这么慌？"我照实说了。老王心疼地说："开会迟到几分钟有什么关系？"我严肃地说："战场上晚一分钟就要付出血的代价，搞社会主义建设也要有战争年代那种铁的纪律啊！"

  不久，在队党支部的带领下，全队开展了一个"当老实人、办老实事、说老实话、严格要求、严明纪律"的活动，大大提高了全队职工的思想觉悟，干部带头，工人自觉，在我们队逐渐形成了风气。

  1962年底，我们发动全队职工对所管的油水井、站进行了详细认真的检查。技术员傅孝余逐井逐站认真细致地检查验收。除夕的晚上，他检查到最后一口油井时，发现套管法兰缺一个螺栓，这时已是深夜九点了。他为了装上这个螺栓，从这个井排找到那个井排，从材料库找到维修队，终于找到一个适用的螺栓，然后回到井上把它配好。此时，正是万家灯火、合家团聚的时刻，而我们队上的5名干部和队上的班井长都上井顶岗。没有一人回家过年，整夜巡回在14口油井和泵站上。

老工人李广志，在西七排3井检查阀门池的设备时，发现回压阀门下面有颗亮晶晶的油珠。"这油珠是从哪里来的呢？"他反复检查了各个阀门，并无渗漏，也不像是外面沾上的。"会不会是管线穿孔出现的渗漏？"晚上，他把情况向井长做了汇报。

第二天，两人一起来到井场，顺着油痕的地方，一段一段挖出管线，接着又擦干净，逐段检查。经过4个小时的紧张奋战，终于查出了油珠的来历，原来是干线穿孔渗漏出来的，及时消除了事故的隐患。

有一次，小尹家来了客人，喝了两盅酒，接班时，被19岁的徒工小李闻出来了。小李不准他接班，叫他在井场上铲草，等酒味没有了再来接班，小尹无可奈何，只好拿起锄头铲了2个小时的草……

以后，在全队逐渐形成了严细的作风。全队职工对每盘长达1500米的清蜡钢丝都要用放大镜一寸一寸地检查，确认合格后才准使用。又如在交接班时，发现刮蜡片直径差0.2毫米，生产报表涂改一个字，灭火器上有一点灰尘，开关阀门差半圈或工具摆得稍微不整齐，都要交班人一一改正，才能接班。记得一天夜晚，一场特大风雪席卷油田。我迎着呼啸的北风和漫天飞舞的大雪，向离队最远的油井走去。当我来到那口井时，油井干线炉的火苗被风吹得时大时小，我想找块破毛毡挡在火口前面，可是找遍井场一块也没有。忽然又一阵狂风刮来，险些把火吹灭，我忙把身上的棉衣脱下来挡在干线炉前面。这时有一个人朝这里跑来，正是值班的小孙，我打亮手电筒一看表，还有30多分钟才到检查的时间呢，就问他为什么来得这么早，他说："风雪天不放心，担心加热炉火被吹灭。"我发现他没穿棉大衣，就问他："为啥不穿棉大衣？"他说："有一口井分气包的放空阀门在外面，这么冷的天气容易冻，我就用棉大衣包上了。"我被感动得热泪盈眶，连忙跑步返回队里，扛了一捆毛毡，按岗位分下去，然后又冒着风雪连夜包好易冻部位。

雪越下越大，平地上的积雪有一尺多厚。上零点班的工人李纯忠背着工具，走到西六排1井时，发现蒸汽注水快把阀门放空头淹没了，他马上拿了桶去掏，鞋和裤角都湿透了。等他从井口房一出来，鞋和裤子就冻成了冰块，走起路来哗哗乱响。每走几步就摔一个跟头，他一次次地从雪地上爬起来，艰难地向前走去。

当他穿过公路时，脚底一滑，摔下深沟里，手里的马蹄表也摔出老远，他一连爬了几次都没爬起来，手冻僵了，脚也失去了知觉，他担心大风雪埋没了马蹄表，就一点一点地朝马蹄表方向爬去。正巧这时有一辆汽车经过这里，司机发现路旁沟里有个人，就停下车把他扶起来说："这么冷的天，你冻成这样子，我送你回家吧！"李纯忠认真地说："谢谢您，我是油井的值班工人，还有2口井没有检查呢"。说着又迎着风雪朝远处的一口油井艰难地走去。那位司机很受感动，又怕他再次摔倒，就开车到队部，向干部说了此事。我听说后立即赶到井上，可是他已经检查完油井，雪地上只留下他走过的两行深深的脚印。由于大家严格执行制度，坚持严细作风，扎扎实实地干工作，确保了油井的安全生产。建队3年录取的3万多个数据，无一差错，油水井资料分别达到八全八准和六全六准，在用设备台台完好，井井站站达到一类，连续被评为油田标杆单位。

1964年2月20日，我们在石油部召开的全国油田电话会议上，介绍了经验。大庆工委做出了《关于开展向采油三矿四队学习的决定》。全油田迅速掀起了"学三矿四队、赶三矿四队、超三矿四队"的群众运动。

同年5月，石油部在召开的第一次政治工作会议上，把我们在实践中摸索并创造的一些经验，概括为"三老四严"的革命作风，即对待革命事业，要当老实人、说老实话、办老实事，干革命工作，要有严格的要求、严密的组织、严肃的态度、严明的纪律。并授予我们三矿四队"高度觉悟，严细成风"的石油部标杆单位。领导同志还亲自给我们全队职工每人胸前戴上大红花。

从此,"三老四严"的作风,在大庆油田蔚然成风。

就在这时,大庆工委号召全油田认真学习毛主席关于"加强相互学习,克服故步自封,骄傲自满"的指示,掀起了一个大学"两分法",学先进、找差距的高潮。

记得刚开始,我们队有的同志认为找差距会否定成绩,还有的同志认为找差距是跟自己过不去。但多数同志认为找差距正是为了揭露问题,解决问题,不断前进。通过反复学习、讨论,大家统一了认识。当时,我们就以管理得最好的某排7井为榜样,对自己的标准严要求,翻"箱"倒"柜",大找差距,仅一个上午就找出72个问题。大家说:"不找不比,沾沾自喜;一找一比,相差万里"。震动了全队,轰开了局面。接着全队在不到10天的时间里,从政治思想、生产管理、生活后勤等方面共找出了1300多个问题。大家说:"成绩不说跑不了,缺点不找不得了。"就这样狠扫了低水平。紧接着又大抓整改,使全队面貌焕然一新,有的同志高兴地写了一首诗:"大庆会战成绩大,全靠'两论'来起家。艰苦创业迈大步,前进全靠'两分法'。"

1965年和1966年,石油部又分别给我们队颁发了"团结的核心,战斗的堡垒"和"红旗单位标兵"两面红旗。

我们连续3年获得石油部锦旗,既表明了我们艰苦创业的成绩,也忠实地记录了我们所走过的道路……

(出自《大庆石油会战——大庆文史资料第二辑》 作者 辛玉和)

认真贯彻"三老四严"和"四个一样"的作风

编者按 为了认真贯彻"三老四严"和"四个一样"的作风,现将"中华人民共和国石油工业部工作条例(草稿)"中,关于工作作风的问题,全文刊登如下,希望各级党组织在全体职工中组织学习并认真贯彻执行。

努力培养一支以毛泽东思想武装起来的,有阶级觉悟,有良好作风,有技术本领,团结一致,朝气勃勃,不怕困难,能过得硬的石油工业队伍,是石油工业建设上的一个根本性的问题。

必须遵循毛主席的实事求是,理论联系实际,密切联系群众,批评与自我批评的教导,以解放军的"三八"作风为榜样,针对当前石油工业的具体情况,认真抓好"三老四严"和"四个一样"的作风。

"三老"是当老实人,说老实话,做老实事;"四严"是严格的要求,严密的组织,严肃的态度,严格的纪律。

"三老"的具体要求是:

(1)当老实人。

鼓足干劲,艰苦奋斗,不图安逸,不怕困难;埋头苦干,少说多做,一切从实际出发,尊重科学;有全局观点,向上级要东西不能越多越好,交东西不能越少越好,不闹分散主义;有团结协作精神,不能只图自己方便,不顾别人困难;对同志讲原则,以诚相见,有意见当面提,不当面一套、背后一套,不要手段。

(2)说老实话。

向上反映情况,向下做报告,必须有什么说什么,有多少说多少,不夸大成绩，不缩小缺点，不隐藏错误，更不能封锁消息、报喜不报忧、夸夸其谈、哗众取宠；凡做计划、要投资、要材料、要人员、做统计报表以及对上报告，都必须实事求是，是多少要多少，坚决反对弄虚作假，宽大窄用，打埋伏，藏一手。

（3）做老实事。

必须提倡调查研究，实事求是，做"笨事"，做"傻事"；工作要越做越细，不怕麻烦，认真负责，讲求实效；要一件事一件事，一个问题一个问题，一点一滴去干，搞个水落石出；不做表面花花哨哨，内容空空洞洞的事，反对粗枝大叶，马马虎虎，道听途说，指手画脚的坏作风。

"四严"的具体要求是：

（1）严格的要求。

一切行动都要严格按党的政策和上级指示办事，各个方面的工作都要有严格的标准，要做就要做彻底，绝不允许凑合、应付。产品质量不合国家规格，坚决不出厂；工程质量没有达到设计要求，坚决返工重来；设备检修质量不合格，坚决不许开动。

（2）严密的组织。

在生产、建设的各个环节、每个岗位上，必须做到人人职责分明，事事都有人管；各个环节、各个岗位都要紧密协同配合，使上下左右都工作、生活在严密的组织之中。坚决反对责任不明、无人负责和互不协作的混乱现象，绝不允许自由散漫，各行其是，自搞一套。

（3）严肃的态度。

对党和国家的方针政策、上级指示，要做到严肃认真，雷厉风行，说干就干，干就干好，要抓紧，抓狠，一抓到底，反对那种囫囵吞枣，拖拖拉拉，疲疲沓沓的坏习气；对人对事必须坚持原则，划清正确与错误的界限，分清责任，自己有错误，必须诚恳进行自我批评，坚决改正；一切正确的东西，都要支持，一切错误的东西，都要及时批评纠正，发扬正气，批判歪风邪气，不能是非不分，马虎迁就。

（4）严格的纪律。

在生产、建设各项工作中，必须实现集中统一领导，严格遵守各种规章制度、工艺纪律和劳动组织。凡是遵守制度、积极工作的，就要表扬鼓励；违反制度的，就应按照不同情况及时严肃处理，不能迁就姑息；在执行纪律时，应坚持原则，以说服教育为主，防止惩办主义。

每个职工，无论在生产、建设和各项工作中，都要养成高度的自觉性，做到"四个一样"。

（1）黑夜和白天干工作一个样；

（2）坏天气和好天气干工作一个样；

（3）领导不在场和领导在场干工作一个样；

（4）没有人检查和有人检查干工作一个样。

党的优良作风，不是一声号令就能树立起来的，必须在长期实践中，不断地进行教育，坚持始终，才能养成。

领导干部，要以身作则，坚持党的优良作风。什么样的领导，就会带出什么样的队伍。党的优良传统，要通过各级领导干部传下去，带起来。只有领导干部，一举一动，一言一行，树立榜样，哪里最困难，哪里最艰苦，哪里问题最多就到哪里去，和工人同甘共苦，战胜困难，才能带动群众，树立优良作风。

对职工进行"三老四严"和"四个一样"的养成教育，要强调"思想领先，严字当头"，务必把严格要求与耐心说服教育结合起来。要结合生产和工作讲作风，做到人人讲作风，事事讲作风，时时讲作风。通过长年累月的实践磨炼，坚持不懈的养成教育，党的优良作风就会在广大职工中形成自觉，形成习惯，形成风气。

（出自《战报》1963年10月9日）

关于作风问题

作风问题,是个大问题。培养作风实际上就是培养队伍的战斗力。

这几年,我们遵循毛主席关于作风方面的一系列教导和中央的历次指示,学习党的优良传统和作风,结合石油工业的具体情况,树立"三老四严""四个一样"的作风。现在看来,效果非常明显,可以说,对我们石油工业的发展,起了很好的作用。毫无疑问,这个作风,我们要坚持下去,长年累月地抓下去。

从这几年的实际工作中,我们感到,"三老四严""四个一样"的作风,最核心的问题,在工作中带有普遍性的问题,就是要在一切工作中抓得很严,抓得很细,抓得准,抓得狠。否则,好作风就不能形成。我们有不少毛病就是出在这个问题上。

严,就是我们讲的"四严",就是在一切工作上,不马虎,不凑合,严格要求。

严,是现代化企业的客观要求。一个企业有了严的作风,工作就会井井有条,产品质量就好,做事情就有个规格。反之,生产秩序就会不好,产品质量就差,问题就多。

严,就是做事认真,干就干得漂亮,决不凑合应付。毛主席教导我们:"世界上怕就怕'认真'二字,共产党就最讲认真。"什么事情认真去做,才能搞成,搞好。大庆钻井取心少取一厘米,射孔误差一厘米,资料差零点几都要重来,这样,工作就可靠,就信得过。兰炼也是个严,在分析化验油品质量时,一点不合格都不轻易放过。有了这样的好作风,好处是不可估量的。如果领导上不讲严字,那就会给工作带来无穷无尽的祸害。

　　严，就是对工作卡得非常紧，一点也不迁就，遇到问题毫不含糊，不让它滑过去。毛主席曾经讲过，报纸上出一个错字，也要把它当作一件事情来认真对待，要开大会，讲上三次、五次，错误才能纠正。我们搞工业，一个产品，可能百分之九十九点九都是好的，但只差百分之零点几，就叫作全部不合格。因此，更要一丝不苟。在大庆，工程质量不好，就推倒重来；固井不好，套管就要拔出重来，而且要开上千人的大会，严肃地进行教育，这样狠抓，反复几次，事故就少了；有些事情搞不好，群众就不会让他通过。

　　严，就是一切工作都有一个高标准，不"降格以求"，不满足已经达到的水平，有了差错，决不原谅自己。原谅，就是自己害自己，自己欺骗自己，欺骗人民，欺骗党。这叫作不忠实，就不是"三老四严"。严了，越干水平就越高。例如，打井质量，一般井斜允许五度以内，并不影响生产，连外国也是这样规定的。我们在大庆则提出一定要做到不超过三度，差一点也不行。这样要求的结果，逼出一套防斜技术。现在打的井，绝大部分井斜都不到三度。如果事事讲严格，严格又有个标准，人人都讲规格标准，形成了作风，就了不得。如果不讲标准，什么事情都是差不多，凑合过关，就是对革命事业不负责任，就一定搞不好生产。我以为，这是不讲原则，是党性问题。如果你随意降低标准对待问题，工作水平不但不能提高，原有的水平也可能保持不住。

　　严，是在战斗中养成的，任何一个有战斗力的部队，都必须是严的，不严就散了。

　　严，领导自己首先要严，领导自己不严，糊里糊涂，得过且过，即使天天吼"三老四严"，那也是空的。下面总是看领导的，领导不严，下面就更松松垮垮。因此，严，就要从领导严起，领导干部一定要以身作则，处处严格，事事严格，才能把好作风带出来。不能是人家严，你在旁边说"好话"，那就会抵消力量。对待革命事业不能当儿戏，不能讲人情，不能当交易；要从党和人民事业的利害关系出发，个人利益要服从党的利益，服从革命利益，服从阶级利益。

严,不是惩办主义,不是命令主义。严是长期教育和锻炼的结果,它来自几个方面:第一,领导上要把情况、问题吃透,实行正确的指挥;第二,运用工作中正面和反面的事实,进行反复教育,提高群众的自觉性;第三,领导上严格要求自己。

人们有了严格要求的作风,就会在工作中形成一种动力。领导严,大家也严,就会出干劲;严,就可以出责任心;严,就可以出战斗力;严,就可以出规格;严,就可以出高标准;严,就可以出好产品;严,就可以出技术;严,就可以出办法;严,就可以出好风气;严,就可以使自由主义、个人主义没有市场;严,就可以把歪风邪气打倒;严,就可以避免错误;严,就可以保证思想上、政治上一致;严,就可以保证行动上一致;严,就可以保证团结。讲严,不单是讲工艺上的严,而在政治思想上也要讲严,在原则上不让步。严,就是按党的原则办事,按标准办事,按工艺办事。因此,严格要求是斗争的需要,是革命的需要,是阶级利益的需要,是社会主义建设的需要,对我们来讲,是个重大问题,不是一个普通问题。严,不是要你去瞪眼睛,竖眉毛,是要对问题不马虎,对原则不让步。这里面包含了耐心的说服教育与严格要求相结合,包含了经常的、不断的实际教育和思想教育。

细,就是工作要抓得细,做到精雕细刻,像绘画、绣花一样。毛主席教导我们,经济工作要越做越细。特别是我们搞石油,有钻井、采油、炼油,地下作业多,高温高压作业多,隐蔽工程多,工种多,头绪多,生产工艺很复杂,而且许多问题要依靠大量资料来分析、判断,工作不但要严,还必须十分细致,才能搞得好;不然非搞乱不行,那就会经不起检查,骗了自己,贻害国家。

我们领导干部,考虑一个问题,抓一件工作,都要细,要具体,要周到,不能光讲原则,不能大而化之,不能粗枝大叶。大庆油田,不是光讲原则,光提口号,而是一直抓得很细、很具体。对于油井情况,收集资料,岩心分析,领导都是亲自参加和检查的,没有这一条,就不可能正确地决定方针、政策。他们抓农副业,是抓得很细的。从如何播种、如何施肥,一平方米种多少棵庄稼,每一棵庄稼施多少肥,"三铲""三趟"是怎么个铲法、趟法，都是进行过调查研究的。细就是认真对待。

我们企业有的领导同志，工作可是粗得很，有的同志光讲原则，不深入实际，不了解情况，一问三不知。甚至有个别同志，连自己厂子里面生产什么产品都不清楚。这些同志，正像毛主席说的，还保持着一种粗枝大叶，不求甚解的作风，却在那里担负领导工作，这是异常危险的。

做工作，要提倡做得细致，肯下苦功夫，有一股细劲。大庆在这方面是很突出的，比如：他们在油田研究上，是做了大量、细致、艰巨的工作的，他们搞地层对比，是一口井一口井，一个小层一个小层，一条曲线一条曲线地对比的，而且是多次反复的。大庆炼油厂的"四个一次成功"，也是做了大量细致工作的结果。他们在开工前就对每一台机泵、设备、每一条管线、每一个阀门，进行了仔细的检查、验收，进行多次反复的演习、试运转。所以，一投产就很正常，热裂化一投产，生产周期就达八十多天，突破了以往的一般水平。如果没有这股子细劲，那就搞不好。

事实说明，工作抓细了，做细了，情况就能了解得全面真实，工作就会比较符合客观实际，就能出高质量、高水平。这是适合于一切工作的。

准，就是要问题看得准，工作抓得准。这是我们正确决定问题，正确指挥生产的基础。看不准、抓不准，就要犯主观主义，就要瞎指挥。

毛主席说：情况明，决心大，方法对。问题看不准，就会犹豫不决，就没有法子下决心；下了决心，不符合实际，就会碰钉子。

要看得准、抓得狠，就要下苦功夫，做深入细致的调查研究。毛主席说过："没有调查就没有发言权"。又说："指导员正确的部署来源于正确的决心；正确的决心来源于正确的判断；正确的判断来源于周到的和必要的侦察，以及对于各种侦察材料的连贯起来的思索。"所谓侦察、思索，就是调查研究。打仗的时候，情况搞错了，决心下错了，是要吃败仗的。现在搞生产、建设，情况搞不准，下错了决心，就要吃大亏。

搞调查研究，最根本的一条，就是要领导深入前线，深入基层，深入实际，深入群众。通过实际试验，取得大量材料进行分析、判断，才能搞深、搞细。像1960年决定组织大庆会战，是事先在现场做了认真的调查研究，对地质资料进行了详细的分析，在这个基础上把情况搞清了，问题看准了，才下决心的。这次华北就不像大庆那样上法，而是搞勘探大会战。

要认真搞好调查研究，把问题看准，只有掌握第一性的大量的丰富的资料，认真思索，去粗取精，去伪存真，由表及里，由此及彼，这样，问题自然就会弄得比较清楚。否则那就像毛主席所说的"闭塞眼睛捉麻雀""瞎子摸鱼"，事情没有不弄糟了的。

狠，就是雷厉风行，说干就干，干就干好，抓就抓死，一抓到底，一定要搞出结果来。你又严、又细、又看准了，不等于解决了问题，还要狠。不狠，就会像过去有的工人说的，一粗，二松，三不狠，四垮台，五重来，斗争中间的困难就克服不了，就会忧虑重重。大庆会战，问题看准了，不管条件完备不完备，也要上去，勇往直前，不往后看，结果硬是干上去了。

毛主席教导我们说："什么东西只要抓得很紧，毫不放松，才能抓住。抓而不紧，等于不抓。"我们对一个问题，一件工作，情况搞清楚了，看准了，就要下定决心，抓紧抓狠，一抓到底。不要前怕狼，后怕虎，犹豫不定，错过时机。决心一下，就要大刀阔斧地去干，坚决顽强，毫不动摇，不管刮什么"风"，再大的困难也要打上去。建设社会主义，执行总路线，就没有错。不能遇到困难就软下来，半途而废，那就一辈子也干不成事。

大庆的基层生产岗位责任制，是这两年狠抓出来的。如果不狠，能搞起来才算怪！他们已搞了十八次大检查，我以为，今后还要继续不断地狠抓下去，要搞一百次，一千次。解放军的哨兵守则，"三大纪律八项注意"，搞了几十年，现在还是经常抓。我们的岗位责任制也是丝毫不能放松，要天天抓，时时抓，年年抓，老子死了，儿子还抓，要狠抓到底。要靠政治挂帅，要教育、检查双管齐下。不能像修正主义那样，一手拿钱，一手拿"剑"，靠物质刺激，靠法律。设备问题也是这样。这两年虽然狠抓了设备维修，但是还必须长期地抓下去。

改正缺点、错误也要狠。正确的东西必须坚持到底，但是在实际工作中免不了碰钉子，碰了钉子，回头要快。有了缺点、错误，要勇于承认，及时地改，彻底地改。在工作中一定要反对形式主义，有了缺点、错误就纠正，没有什么见不得人的，个人问题是次要的，党和国家的利益才是重大的。现在，我们有的同志，这一点还不够。他们有了缺点、错误不承认，别人提了不高兴，长期不下决心改正，这是很危险的。

如果我们的工作重点突出，方向明确，就能吸引人，鼓舞人们的斗志；加上看得又准，搞得又细，干得又严，抓得又狠，成绩也就会大，经验也就会多，进步也就会快。

这四点，是"三老四严""四个一样"作风的最主要的内容。它体现了革命精神和科学精神的结合，反映了石油工业现代化生产、建设的客观要求，也反映了广大职工、群众的愿望。这四点真正抓住了，普遍做到了，并且坚持下去，我们队伍的作风就会进一步提高，我们队伍的面貌就会发生新的变化，组织性纪律性就会进一步加强，战斗力就会更加提高，就像个产业军的样子，工作就会做得好上加好。

（出自余秋里《一九六四年石油工业部局、厂领导干部会议讲话》）

大庆作风是怎样养成的

(摘 录)

编者按 大庆的作风就是三八作风的具体化。它是大庆人活学活用毛泽东思想的产物。

培养革命作风,要有个标准。这个标准就是毛泽东同志提出的三句话八个字的三八作风。三句话是:坚定正确的政治方向,艰苦朴素的工作作风,灵活机动的战略战术。八个字是:团结、紧张、严肃、活泼。三八作风同大庆的实际相结合,就成为以严、细、准、狠为中心的"三老四严""四个一样"的作风。

大庆的作风,体现了革命精神和科学精神的结合,反映了石油工业现代化生产和建设的要求,也反映了广大职工的革命愿望。

大庆人非常重视培养革命作风。培养革命作风的关键,在于领导者首先要坚持革命的作风,处处以身作则,处处严格要求,说到做到,从上到下,人人实行。

革命的好作风和革命的思想一样,看不见,摸不着。但是,一旦被广大群众掌握住了,人人都养成了好作风,那就会转化成为强大的物质力量。哪个单位作风好,哪个单位就成为一个革命的大熔炉,一切新的成分加进去都会起变化,接过好作风,变成新样子。这样的作风,一个人带一个人,一个单位带一个单位,就把整个队伍带出来了。好作风有如接力棒,可以一代传一代,世世代代传下去。

培养作风就是培养队伍的战斗力

大庆有一种无形的巨大力量，这就是大庆作风。作风是看不见、摸不到的，但它确实是客观存在，一下子就使你受到感染。

也许可以从某些现象上觉察到这种作风的力量，比如：井场外平平整整，仓库里整整齐齐，采油井口装置、分离器及其他设备干干净净，井场无污油，井下无落物……但是这一些远远不能表现他们的作风的全部威力。

大庆的作风，就是三八作风的具体化。大庆人用革命的精神培养了革命的作风。他们不搞形式，而讲求实干。他们一直强调树立以严、细、准、狠为中心的"三老四严""四个一样"的作风。

"三老"是当老实人，说老实话，做老实事。

"四严"是严格的要求，严密的组织，严肃的态度，严明的纪律。

"四个一样"是黑夜和白天干工作一个样，坏天气和好天气干工作一个样，领导不在场和领导在场干工作一个样，没有人检查和有人检查干工作一个样。

这些，已经被广大职工接受，成为自觉的行动。

有了好作风，就有了战斗力，人们就能雷厉风行，闻风而动。不管打什么硬仗、恶仗，都拖不垮、打不烂；不管到什么地方，都眉不皱、腿不软；不管是一个队、一个组还是一个人，不管是单独执行任务还是集体行动，都是靠得住，信得过。好作风，可以起领导上和生产管理制度上不能完全起的作用。有了好作风，即使队伍中有些落后的人，也能够带好。

反"老毛病"

为什么要培养以严、细、准、狠为中心的作风呢？这是因为，在某些领导干部中原来存在着"一粗、二松、三不狠"的毛病；在某些技术干部中，原来存在着"粗估、冒算、大平均"的毛病;在某些工人中原来也有一些"马虎、凑合、不在乎"的毛病。这些毛病,都是一些习惯势力;只有逐步把它们打倒,才能建立新风。

反"老毛病"一定要心狠,直到把它们反掉,而不能手软。

狠反老毛病要突出政治。1961年,一个钻井队打了一口不合格的井。井虽然不合格,但可以凑合出油。谁想到,油田领导做了决定:坚决把这口井填死!这可把大家急坏了。井是大家打出来的,领导同志、工人、技术人员不知为它付出了多少辛苦,国家花了很多的钱。勉强用下去,这一切似乎都可以得到补偿,石油当时还是国家所缺少的呀!把它填死,不是全都"浪费"了吗?可是,这种种理由,丝毫动摇不了领导的决心。当然,领导上决不会轻易把它填死完事,他们的目的是把这口废井作为一个反面教材,让全体职工永远记住这个教训。为了这件事情,开了几天上万人的大会,把高水平、高速度地开发油田的伟大政治意义讲了个透,发动群众把各种各色的"老毛病"揭了个透,搞得不少人头上出汗,眼中流泪。从此以后,一口口高质量的直井就不断打了出来,斜度从五度、四度、三度一直下降到二度、一度、半度。无产阶级的过硬作风凝成无数高质量的油井,为国家做出了越来越大的贡献。

革命作风在同习惯势力做斗争中产生。习惯势力常常是习以为常,察觉不到的。没有革命的自觉性,很难反掉它。有一次,王进喜同志到井场检查工作,一眼看到一个工人用油去擦机器,然后将满手油污擦在身上。王进喜觉得这是个坏作风,应该改掉,就提出了批评。这个工人说:"我第一天到井场,看见师傅就是这样做的。"王进喜又找来师傅,批评他没有带好徒弟。师傅说:"当初我学徒的时候,看着你也是这样做的。"王进喜听到这句话,马上向工人检讨自己的老毛病:"你们千万别跟我学这种坏作风。"此后,他随时随地注意克服自己的老习惯、老毛病。他经常跟工人讲这件事。他们还把老毛病列榜,贴在床头上或值班房里,领导检查,群众监督,改一条减一条,犯一条加一条,使老毛病没有容身之地。

"严、细、准、狠"

"严、细、准、狠",头一个是"严"。"严"是现代化企业的客观要求。"严"就是认真。认真,就是对工作卡得非常紧,一点也不含糊,一点也不迁就,永远不满足已经达到的水平,有了差错,决不原谅自己。有了严的作风,工作就有条理、讲质量、合规格。

"严",还要"细"。细就是工作抓得细致。办石油工业,地下作业多,高温高压作业多,隐蔽工程多,工种多,如果不"细",就会搞乱搞错。

"准",就是工作抓得准。要抓得准,就要看得准。问题看不准,就会犹豫不决,下不了决心,或者下了错误决心误了大事。

问题抓准了,还要"狠",狠就是"抓得紧",一抓到底,毫不放松。

大庆的"严、细、准、狠"表现在哪里呢?到大庆的同志可以很容易地找到成百上千的例子。这里可以摘引几个:

有一次,机房工人胡宗正接梁景荣的班,发现减速箱上的六个螺栓丢了一个,是梁景荣另找了一个配上了。胡宗正说:"这可不行!"一定要梁景荣把原来的那个螺栓找来,如果坏了,也要拿来看看。因为,如果那个螺栓丢到齿轮里去就会造成大事故。一个小小的螺栓上哪里找去呢?但是,非找不可。梁景荣不知费了多大力气,到底把那个螺栓从地板缝里找了出来,这才完了这回事⋯⋯

一天傍晚,"硬骨头"车队完成了全天的紧张的任务,满载着胜利回来了。停车场上顿时热闹起来。小队长张廷栋特意到青年司机小宋的车旁,看他"例行保养"搞得怎样。小宋蛮有把握地说:"车子开出去不抛锚,开回来就是五好。"张廷栋听这话有点不对头,就爬到车底下细心检查,发现大箱螺栓松了半扣,要小宋拧紧。小宋不以为然,他认为:汽车这玩意成天颠簸,还有不松个一扣半扣的?张廷栋对他说:"例行保养制度是管好车辆的基础,执行时决不允许有半扣之差。万丈高楼的基础有一角不牢，就有坍倒的危险。半扣之差，也会败坏作风，紧了半扣，正是为了今后万里行车！"

油田开发研究室的技术干部，有一次画了一张向油田总部领导汇报的图纸，漏掉了像小米粒大小的六口油井。后来发现了这件事，研究室主任和党支部书记带领大家一起检查了两天。为了使每个人记住这个教训，大家决定毁掉这张图纸。他们把这张图纸剪成若干小块，分给全室每人一块，把自己的缺点写在上面，保存起来。以后，每月把这一天当作"纪念日"来过，认真检查一次自己工作上的缺点。

用高标准引导群众向前看

怎样使广大职工自觉地实现"严、细、准、狠"的要求呢？首先得有明确的目的性。一切工作都要有一个高标准，不能"降格以求"。工人说："要保持严、细、准、狠的作风，就要把低标准当'敌人'消灭。"

大庆会战一开始，油田领导就提出了经过努力可以实现的高标准。例如，打井质量，一般井斜允许五度以内，这样并不影响生产，外国也是这样规定的。大庆则提出不超过三度，差一点也不行。打井质量是这样，其他工作也是这样。

为了实现高标准，大庆的总机厂职工曾经讨论过这样一个问题："拿到合格证算不算完成任务？"开始，有人说："修理工完成任务的标志就是合格证。"有人反对："即便拿到了合格证，如果我们修车质量不高，还不能算完成任务。"又有人说："发了合格证以后，再发现质量不好，那是质量检验员的问题。"又有人反驳道："要是为了拿到合格证，千方百计糊弄检验员，那能怪检验员吗？"最后，绝大多数人都认识到："我们搞机修是为了革命，为了保证'前线'搞好生产，不能只为合格证而奋斗。当然，合格证还是要，但一定要'货真价实'的合格证，不要马虎、凑合、过得去的合格证，更不要弄虚作假的合格证。"

为人民服务是无限的，高标准是发展的。大庆的工作标准逐年有所提高。例如，1961年，油田领导提出"质量不合格的就推倒重来"；1962年，在有了一定思想基础之后，又提出"好中求多，好中求快，好中求省"；1963年，提出了"质量一次成功"；1964年，进一步提出"项项工程质量全优"。一步一个要求，引导群众始终向前看。工作做好了，好作风也逐渐养成了。

革命自觉是革命作风的基础

有位外地来大庆的同志对我们说："我们前两年在这里学习，看了这些以后，归纳成'从严'二字，回去就照办了。结果，形式上'严'，实际上严不了；少数人'严'，多数人'严'不了，反而出了不少麻烦，也出了形式主义。现在我们才懂得：大庆的作风不是形式，而是牢固地建立在革命自觉的基础上的。没有自觉，就没有'从严'；没有过硬的政治思想工作，就没有自觉。"

确是这样。这里生产上出了一点差错，为什么人人挺身而出、提出意见？为什么大家"议论纷纷"？为什么大家都把它看成"革命作风"问题？这是由于多数人是自觉地为革命而生产、而工作，是靠群众的革命自觉，不是靠惩办主义"惩办"出来的，不是靠命令主义"命令"出来的。革命自觉是革命作风的基础，这是大庆人的结论。

自觉的要求是什么呢？大庆人说"要为人民负责一辈子""不能怀有个人的杂念""完全是为着解放人民""彻底地为人民的利益工作"。

执行制度，主要靠自觉。单靠检查，是不够的。第一采油指挥部采油工王淑芳同志的亲身经历很能说明这个问题。去年一月，她父亲从外地来看望她，父女已有三年没见面了。一天，她正在值班清蜡，父亲跑到井上，叫了一声"淑芳"。她抬头一看，哎呀，爸爸来了。她的心情很激动，也很矛盾。按制度规定，清蜡时不准说话。现在是"说话呢还是不说话呢"？她想到："一个解放军战士在战场上打到最后一个敌人，如果不把他消灭掉，就不能算彻底胜利。现在钢丝在井里还有一百米,停下来就要丢掉刮蜡片,就要破坏制度"。她没有同父亲答话。父亲等急了,走了。王淑芳下班后,她的父亲还在生气,说:"你喊我干什么,你都不认我啦。"等到父亲了解了真相以后,笑着说:"你们大庆真严啊!"

(出自《人民日报》1966年1月15日)

余秋里在中央机关17级以上干部大会上的报告

1963年12月28日

同志们：

现在把大庆石油会战的情况，向同志们做一个报告。报告分两个部分。第一部分，简单介绍一下大庆石油大会战的情况和几年来的成果。第二部分，介绍大庆石油会战的基本经验。重点是第二部分。现在先讲第一部分。

第一部分　大庆石油会战，做了一些什么事情，取得了一些什么成果

1963年11月召开的全国人民代表大会第二届第四次会议，宣布了我国石油产品已经做到了基本自给。这个新闻轰动了全世界。这是一件振奋人心的大事情。这样一来，我们就结束了我国依靠"洋油"过活的日子，开辟了我国石油产品自给自足的新时期。这是我国社会主义建设中的大胜利，是鼓足干劲、力争上游、多快好省地建设社会主义的总路线的胜利，是毛泽东思想的伟大胜利。

帝国主义从经济上封锁我们，修正主义想在石油问题上卡我们的脖子。但是，全国人民在党中央的领导下，艰苦奋斗，勤俭建国，自力更生，奋发图强，使帝国主义、修正主义的这些企图遭到了可耻的失败。石油工业的全体职工，在全国人民革命精神的鼓舞下，在石油战线上取得了很大的成就，

给了帝国主义、修正主义以有力的回击。

　　大庆石油会战的胜利，对我国石油产品做到基本自给起了决定性的作用。1960年以来，我们遵循毛主席关于集中优势兵力打歼灭战的原则，从全国三十几个石油厂矿、院校，抽调几万名职工，调集几万吨器材设备，在大庆这个地区，展开了石油会战。目的是为了高速度、高水平地拿下大油田，开发大油田。

　　大庆石油会战，已经进行3年多了。这一仗，确实打得很艰苦。那时候，几万人一下子拥到一个大草原上，各方面遇到的困难，确实很多。上面青天一顶，下面草原一片。当时，几万人，包括几千工程技术人员，其中有大学教授、博士，都到了那个地方。天寒地冻，一无房屋，二无床铺，连锅灶、用具也很不够。而且还是沼泽地，蚊子多得吓人，脚上、头上到处咬你。1960年那一年，雨水特别多，从4月26号起一直到国庆节，三天两头下，更增加了困难。不但生活方面这样艰苦，在生产方面条件也是很困难的。几十台大钻机，在草原上一下子摆开了，设备不齐全、不配套，汽车、吊车很不足，没有公路，道路泥泞，供水、供电设备更不够。当时，工作条件很差，任务很重。特别是，转眼冬季就要到来，不说别的，就是几万人在草原上能否站住脚，也是个大问题。

　　在这种困难情况下，到底是打上去，还是退下来；到底是坚持下去，硬啃下来，还是被困难吓住，躺下来？

　　大庆油田的同志们，硬是鼓足干劲，苦干、硬干，团结一致，千方百计打上去。

　　那时，生产上的运输条件很困难，需要大型卡车和工程车辆几千台，起重吊车几十台。可是现场只有大型卡车几百辆，吊车10来台。怎么办呢？硬是靠几万人的革命干劲，采用人拉、肩扛加滚杠的办法，把几万吨设备器材，从火车上卸下来，连五六十吨重的大钻机，也是用这种办法，拖到几公里外的井场上安装起来。

　　工业用水也是个很大的问题。打油井一定要用水，没有水，井就打不下去。钻机安装起来以后，运水的车辆很少，水供不上来。怎么办？大家就排成一个长队，用水桶、脸盆，从几百米以外的水泡子打水，一打就是几十吨，保证了钻井需要。当时，脸盆真成了"万能工具"，洗脸用它，洗脚用它，烧开水用它，煮饭用它，盛菜用它，搞工业用水用它，搞文化娱乐活动，没有锣鼓也敲它。

几千台设备运转起来，而修理设备连个房子也没有，更谈不上有什么机修厂。没有办法，就把机床放在露天搞备品配件，组织机修人员到现场去维修。

房子问题大得很。大部分职工都是露营。在那个寒冷地区，冬天来得早，国庆节前后就下雪，没有房子，的的确确站不住脚。当时，要先把房子盖好，是不可能的，要准备好房子再上，就得晚几年。怎么办？出路只有一条，就是发动群众，在搞勘探，搞建设，搞生产的同时，挤出时间，自己动手修土房子。领导干部也好，局长、总工程师也好，博士、教授也好，一般干部也好，工人也好，不分地位高低、职务大小，男女老少齐上阵。从7月份开始，用了几个月的时间，就搞成了30多万平方米的土房子，就这样度过了第一个冬天。

吃得也很困难。在最困难的时候，粮食、蔬菜供应不上，就打草籽，挖野菜，渡过了这一关。从1961年起，我们又发动职工集体开荒种地。几年来农副业生产规模逐年扩大。现在粮菜供应不足的困难已经解决了，还养了很多猪，肉食也有所增加。

经过3年多的艰苦战斗，到底做了一些什么事情，取得了一些什么成果呢？

第一，拿下了一个大油田。

这个油田是目前世界上特大油田之一。现在已经探明的储量，大体上可以适应我国石油工业近期发展的需要。

大庆油田，从1959年9月第一口井见油，到1960年底，我们就探明了油田面积并且大体上算出了储量，只用了一年多一点的时间。而苏联最大的油田——罗马什金油田，是他们勘探速度最快的一个大油田，从1948年头一口井见油，到1951年，用了3年多时间，才大致了解了油田面积。

会战3年多，打了1000多口油井，都是1000多米深的井。每台钻机平均每月打井的速度，同1958年和1959年两年相比，要快1倍多；同1957年相比，要快3倍多。也就是说，现在1台钻机顶1957年的4台使用，1套人马做了那时4套人马的工作量。这反映了我们的打井速度，也反映了我们打井技术水平的提高。

苏联部长会议正式命名的格林尼亚功勋钻井队，1960年用十一个半月时间，打井31300米。而大庆油田一二〇二钻井队，1961年只用九个半月时间，就打井31745米，超过了苏联的这个功勋队。

可以看出，大庆油田勘探速度和打井速度，同国外水平比较，也是比较高的。

第二，建成了年产原油几百万吨的生产规模和大型炼油厂第一期工程，质量良好。

3年多来，在大庆油田开发区，建成了集油、储运、供水、注水、供电、机修、通讯、道路等八大系统工程。

苏联第二个大油田——杜依玛兹油田，从1945年到1955年，用了10年多的时间，建成年产原油995万吨的生产规模。大庆油田达到它同样的生产规模，大约共有5年的时间就行了，速度将要比他们快1倍。

大庆油田打井的质量是好的。油井合格率达到99.6%，岩心收获率达到95.6%。苏联教科书上讲，岩心收获率达到45%就是好的，而他们实际上比这低得多，比如杜依玛兹油田的岩心收获率，1960年只有30.5%。

油田建设工程质量也是好的。已经建成验收的输油、输气、输水管线几百公里，有十几万个焊口，一次试压的结果，不漏油、不漏气、不漏水的达到99.92%。今年建成的100多项工程，由于在建设过程中严格保证质量，全部达到试车、投产一次成功。

在大庆油田上建设的大型炼油厂，完全是我国自己设计、自己施工的。从1962年4月开始，只用了一年半的时间，建成了第一期工程，1963年10月份已投入了生产。这个工程，同苏联设计、苏联供应设备、苏联帮助施工的兰州炼油厂同类工程比较，建设速度加快了一年多时间，装置布局比较合理，用材料少，工程质量更为良好，做到了"四个一次成功"。就是：工程质量最后总验收一次合格；一次投产成功；产品质量一次合格；油品收率一次达到设计要求。这是我国炼油厂建设的新水平。

第三，3年多累计生产原油1000多万吨，油田生产管理水平不断提高。

在大庆油田目前已开发区域内，所有生产井全部做到了井场无油污，井下无落物，也就是井上没有一点油污，井下没有掉一件东西。这是苏联油田生产管理上没有做到的事情。这表明我国油田生产管理上升到了一个新的水平。在勘探、钻井、采油、运输、供水、仓库和生活管理等各个方面，都建立了基层岗位责任制，油田生产建立起严格的正常秩序。

会战开始，大庆的同志们提出了个口号：要"高速度、高水平地拿下这个大油田"。我们是不是做到了这一点呢？最近，我们组织了国内五六百个专家，到那里去鉴定，还专门组织了到苏联、罗马尼亚、美国、意大利留过学的人来检查，要大家挑毛病，看到底是不是高水平。他们到大庆看到地质资料那么多，那么好，看到井场没有油污，不漏油、不漏气，就连声说了不起，说这是没有看到过的，一再问我们到底是怎么做到的。过去我们井上也有油污，似乎井场无油污，就不叫作油田。可是大庆油田上恰恰是没有油污，这绝不是件小事，是很不容易办到的。因为地底下的压力很大，管道上稍微有一点漏孔，油就会冒出来的。过去，我们没有做到的，现在做到了，这反映了我们的油田建设水平和生产管理水平，也反映了我们掌握地下油层动态的水平，不然就不可能做到。

第四，进行了大量的科学研究工作，解决了世界油田开发上的几个重大技术难题。

在制订油田开发方案的科学依据方面，大庆油田的开发方案，资料依据比较充分，比较符合油田实际情况，执行得比较顺利。比如苏联杜依玛兹油田，开始制订开发方案时，只有16口探井的资料，只有1270多块岩心样品的分析数据。而大庆油田制订开发方案时，就有85口探井的资料，有28000多块岩心样品的分析数据。

开采多油层的油田，需要有个封隔器，才能分层开采，分层注水。国外一般是采用钢制的封隔器,很不安全。我们根据大庆油田多油层的特点,自己创造了水力皮球式多级封隔器,使用起来很安全,可封隔五六个油层。有了这个工具,在井下就可以做到要封隔哪一层就封隔哪一层,注水要注哪一层就注哪一层。

大庆原油的特点是含蜡多,凝固点高,黏度大,在地面零上28摄氏度就不流动了。如何集中和输送这种原油,是个大难题。印度尼西亚有这种原油,但它位于赤道附近,是采用两根管子输送,一根管子送油,一根管子用热水加温伴送。这样就需要大量锅炉、管线,建设慢,投资大,费用多,我们用不起。我们发动了很多人来攻这个关。结果创造了一个又科学,又简单,又经济,又安全的办法。过去在油田上锅炉成群,这个办法把锅炉都打倒了。经受了几年的考验,效果很好,不仅解决了输送这种原油的大难题,而且比普通输送方法还节省。比如,与苏联设计的克拉玛依油田输送方法比较,节省钢材33%,节省投资13.5%。

第五,经济效果好,国家投资已经全部收回,并开始为国家积累资金。

1960年到1963年,4年共用国家投资7亿1000万元;上缴利润9亿4400万元,折旧1亿1600万元,合计10亿6000万元,投资回收率达到149%。除全部投资回收外,还为国家积累了资金3亿5000万元。所以我们建设大庆油田,真正做到了又多、又快、又好、又省。

第六,更重要的是锻炼培养出了一支有阶级觉悟,有一定技术素养,干劲大,作风好,有组织,有纪律,能吃苦耐劳,能打硬仗的石油工业队伍,并且取得比较丰富的经验。

大庆油田的勘探和开发,完全是我们中国人自己搞起来的,没有半个洋人插手。事实证明,我们国家完全能够依靠自己,自力更生、高速度、高水平地勘探大油田,开发大油田,而且比过去照抄别人搞得更快、更好。

大庆石油会战,能够取得这样大的胜利,是有数不尽的因素的。最重要的是:中央的亲切关怀和直接领导,解放军、中央各部委和各省、市、自治区的支援,特别是油田所在地区的中央局和省委的大力支持。还应当指出,大庆油田的发现,是在地质部做了大量的普查勘探工作基础上进行的,地质战线上的工作人员的辛勤劳动做出了宝贵的贡献。

大庆石油会战,是打了一个政治仗,打了一个志气仗,打了一个科学技术仗。会战的3年,是艰苦奋斗、紧张战斗的3年,是锻炼成长的3年,是大学毛主席著作的3年。

归根到底,大庆油田的成就,是由于总路线的指引,毛泽东思想的指引。大庆石油会战的胜利,是总路线的胜利,是毛泽东思想的胜利。

第二部分 大庆石油会战的基本经验

下面,我来讲讲大庆会战的基本经验。一共有9条。

一、社会主义的现代化企业,必须革命化

我们认为,大庆这个油田,是总路线的产物,是毛泽东思想的产物。大庆会战的胜利,主要不是决定于几个重大技术问题的解决,这不是灵魂;灵魂是党的总路线,是毛泽东思想。如果不是坚定不移地坚持按照总路线的精神办事,不是按照毛泽东思想办事,在那样艰苦的条件下,要想拿下这个大油田,速度又这样快,质量又这样好,水平又这样高,是不可能的。

大庆会战的胜利,就是由于坚定不移地坚持了正确的政治方向,坚决按照总路线的精神办事,始终是鼓足干劲,力争上游,毫不犹豫,毫不动摇,坚决顽强,战斗到底;同时,认真地吸取了过去实际工作中的教训,总结了经验,以高度的革命精神,把工作做得细致、更扎实、实事求是,调查研究,步子走得更正、更好。

大庆会战,是在比较困难的时候、比较困难的地方、比较困难的条件下打上去的,是采取革命的办法打上去的。在这种艰苦斗争中,出现了很多艰苦奋斗、克服困难的英雄模范,"王铁人"就是一个典型。"王铁人"就是钻井队队长王进喜,出身很穷苦,小时候放过羊。在玉门油矿起先当小杂工,后来当了钻井工,解放以后当了钻井队长,一直是个模范。这次调他参加大庆会战的时候,一出马就不一样,自己拿工资买了一辆摩托车,为的是到草原上打井可以运材料、当交通。下了火车,一不问住在哪里,二不问吃

什么饭，开头第一句话就是问要打哪口井，井位在哪里？马上就去看工地，侦察路线。钻机一到，就组织大家人拉肩扛，把钻机从火车上卸下来。卸得快，拉得快，安装也快。钻机安装起来以后，开钻没有供水设备，他们就拿洗脸盆子，从500米远的水泡子端水，很快就开了钻。从钻机安装开始，王进喜同志就带领全队职工，睡在井场，吃在井场，一连几天几夜不离井场，连续苦战，高速优质地打完第一口井，成了艰苦奋斗的典型，会战职工的旗帜。当时他们住在附近一户老乡家里，房东老大娘看到他们很辛苦，提了一篮子鸡蛋慰问他们。她很感动地说："你们石油这个王队长呀，真是个'铁人'！快劝他回来，休息休息呀！""铁人"这个名字，就是这位老大娘给他起的。这个王进喜，在玉门是模范，会战是"铁人"。现在我们已提拔他做了大队长，一直保持英雄本色。

  当时，整个会战队伍就是这样奋不顾身，英勇顽强，艰苦奋斗的。他们喊出了"三要""十不"的豪言壮语。"三要"是一要甩掉石油工业落后的帽子；二要高速度、高水平拿下大油田；三要在会战中夺世界冠军，争取集体荣誉。"十不"是：第一，不讲条件，就是说有条件要上，没有条件创造条件也要上；第二，不讲时间，特别是工作紧张时，大家都不分白天黑夜地干；第三，不讲报酬，他们说是为革命，不是为个人物质报酬而去劳动；第四，不分级别，有工作大家一起干；第五，不讲职务高低，不管是局长、队长都一齐来；第六，不分你我，互相支援；第七，不分南北东西，就是不分玉门来的，四川来的，新疆来的，为了会战，大家一齐上；第八，不管有无命令，只要是该干的活就抢着干；第九，不分部门，大家同心协力干；第十，不分男女老少，能干就干，什么需要就干什么，就像打仗一样，到了时候，不管卫生队、担架队、伙夫都要上。这十条，没有革命精神办不到，没有觉悟办不到，没有总路线指引办不到，没有毛泽东思想的指引办不到。

  人就是要有一股气。对一个国家来讲，就要有民气；对一个队伍来讲，就要有士气；对一个人来讲，就要有志气。这三股气结合起来，就会形成强大的物质力量。我们搞革命，就要干劲冲天，不怕困难，不怕牺牲，有信心完成党和国家交给我们的伟大任务。毛主席教导我们，气可鼓而不可泄。大庆油田的同志们，最宝贵的就是有这么一股气。

那时大家的认识也许并不是完全一致的，如果说没有人讲点怪话，也不合乎实际情况。例如，有的人说："这个搞法不行，这叫作胡闹，乱得不得了！""这样苦还行啊！""搞个什么名堂，哪像个搞工业的样子！"在这些问题面前，如果那时候有一点动摇，1960年就可能垮下来。1960年上不去，整个油田的勘探、建设速度，就要推迟几年时间。

我们一开始就看出了这是一场恶战，但是打下去的决心是下定了的。在会战过程中，我们一方面组织苦战，一方面也认真注意人们的生产安全、生活安排和劳动保护条件。结果怎样呢？不但拿下了大油田，把生产搞上去了，当年就生产原油近百万吨，而且在生活上也克服了困难。

现在的情况同那时大不一样了。第一，人都住进房子了，也住得暖和。生活改善了，大家的体质都很好。第二，正常的生产秩序已经建立起来了，各种工作制度健全了，更注意劳逸结合了。

3年多来，会战队伍一个战斗接一个战斗，三年如一日，干了大量的工作，质量比较好，速度又快。会战队伍受到了严格的锻炼，越战越坚强，各方面都能过得硬。

这到底是股什么力量支持着人们？归根到底，就是毛泽东思想深入人心的结果，就是总路线指引着人们的方向，就是几万人的革命精神、革命思想、革命干劲和高度的革命英雄气概。

人们有了这种革命精神，就能掌握正确方向，在生产斗争中就会坚强有力，在科学实验中就能勇往直前。

人们有了这种革命精神，就会斗志昂扬，精神焕发，干劲冲天，就能在困难面前看清主流，敢于同前进道路上一切困难做斗争，越是困难，干劲越足，越是困难，越要胜利。

人们有了这种革命精神，就会有气吞山河、翻天覆地、压倒一切的革命气概，就会有天不怕、地不怕的大无畏精神，就会不怕鬼，不信邪，任何艰巨任务都能完成。

人们有了这种革命精神，就会团结一致，亲密无间，勇于实践，敢于创造，企业的生命力就强，生产、建设事业就会蓬勃发展。

如果没有这种革命精神，会战队伍在大庆就很难站住脚；即使站住脚，要想在3年多的时间里，把大庆油田建设成现在的规模，也是不可能的。如果不讲革命精神，大庆油田做的许多事情，都是难以理解的。

正是由于革命精神大发扬，会战队伍的精神面貌起了大变化，形成高涨的革命风气。这就是：热爱毛主席，热爱党，热爱国家，热爱社会主义，热爱石油事业成风；艰苦奋斗，不怕困难，奋不顾身，抢挑重担子成风；珍惜国家财产，勤俭节约成风；团结互助，阶级友爱成风；争当"五好"，不甘落后成风；人人坚守岗位，埋头苦干，严肃认真成风。下面分别讲一下。

第一，热爱毛主席，热爱党，热爱国家，热爱社会主义，热爱石油事业成风。广大工人经常说：我们要读毛主席的书，听毛主席的话，按毛主席的指示办事，做毛主席的好工人。采油工人们说："党是我的妈，油田是我家；我听妈的话，管好我的家。"这次人大发表了公报，六级起重工黄孝仁读了后说："我听到石油基本自给了，心里有说不出的高兴。今后，我们要搞得更多更好，不但要够我们国家自己用，还要支援兄弟国家；不但要把自己献给石油工业，还要把自己的孩子也献给石油工业。"混凝土工人袁锡忠读了公报后说："这是一件大好事，这是对帝国主义和修正主义的有力回击。我们有毛主席的领导，有革命精神，天大的困难都克服了，换来了石油基本自给。今后，我们要搞更多的石油。"

第二，艰苦奋斗，不怕困难，奋不顾身，抢挑重担子成风。每年冬天，大庆要派一个汽车队到深山里去搞些木材，这个任务是很艰巨的。因为只能利用冬天大雪封山的时候去搞。每年分配这个任务时，大家总是抢。去年是运输二大队二中队进山的，今年要二中队休整，让三中队去。二中队不答应，说他们去年完成了任务，为啥今年不让他们去，非要去不行。三中队听到了就说："领导上已经批准了我们三中队去，你二中队为啥抢我们的任务？"两个队就争先恐后地抢了起来。三中队全队107名工人都写了决心书，三番五次请战，非要把任务抢到手不行。

奋不顾身，舍己为公的例子也很多。例如：1962年10月打的一口井，发生了井喷，油、气喷到几十米高，40来米高的井架已经倾斜，眼看就要倒下来。在这最危险的时刻，井架安装工人姜发金、彭志德、李顺田、赵福兴、陈伯生等5名同志，抱着牺牲的决心，硬是冒着冲天的油、气，爬上井架，把钢丝绳拴在井架上，用拖拉机把井架拉直，抢救了钻机和油井。又如，1960年冬天，一座5000吨混凝土油池里面着了火，如果爆炸，那就是个不得了的大炸弹。油库维修队长奚华亭同志，一下子蹿到油池顶上，把皮大衣脱下来，堵在通气孔上，自己坐在上面，把火扑灭了。

第三，珍惜国家财产，勤俭节约成风。1963年贯彻中央关于增产节约和"五反"运动的指示，开展了反浪费、找差距活动，进一步激发了职工的主人翁责任感，爱护国家财产，勤俭办企业的好人好事越来越多。

大庆有一个家属缝补厂，有200多人，厂房是个牛棚子，又没有什么设备，可是干了大量的活，缝补了3万多套棉工服，既节省了国家的东西，又及时解决了问题。

工人们随时随地注意爱护国家财产。泥瓦工人牛广俊同志，在一天夜里下雨时，被大雨惊醒，想起有一袋水泥放在工地上，没有保护好，硬是半夜里冒雨跑了两公里，把水泥抱回来。钻井工人葛明京同志，一天下班回来，在路上看到一个油井阀门漏水。他觉得冬天漏水，很可能把这个阀门冻坏了。怎么办呢？就把自己的棉衣脱下来，包在阀门上，自己只穿一件单衣，跑了很远到队部，报告了情况，带上修理工人到井上，把阀门修好，才拿回他的棉衣。

第四，团结互助，阶级友爱成风。就是干部爱护工人，工人尊重干部，形成了一个亲密无间的革命大家庭。采油三矿四队队长辛玉和同志，队上补充了新工人，房子不够住，床铺也不够用，他和指导员就把床铺让出来给工人，自己睡地铺。这样住了1个多月，把工人感动得不得了。钻井指挥部党委副书记王英炯同志，1963年雨季，带着几十个机关干部，帮助家属修补80多间房子。家属感动地说："在旧社会，从来是工人伺候当官的，现在是干部帮我们修房子，心里实在过意不去。"家属有这种心情，工人的干劲也就越来越大。工人之间，也是相互帮助，团结友爱。女电焊工张桂荣同志，生产上是能手，生活上一直关心别人。3年多来，利用休息时间，给本队职工拆洗缝补了780多件衣服，大家亲切地叫她"张大姐"。

第五，争当"五好"，不甘落后成风。人人想上进，人人都要好，打井好，采油好，基建好，连养猪、看牛的都要搞个"五好"。有一次，我们到一个农场去看，他们说："部长，你看我们牛养得好不好？"我们一看，牛养得壮壮的。他的牛也争"五好"。问他养牛的"五好"标准是什么？……一下子讲了多少条。有一个单位，把钟一敲，猪都跑过来了，养得实在不错。不论搞什么东西，都是不甘落后，力求上进，这股气概就了不得。尽管领导上有时计划不周，尽管有很多想不到的东西，一搞"五好"，你提两三条，他给你想十几条，总是好上加好。没有觉悟，没有不甘落后、力争上游的精神，这是办不到的。

第六，人人坚守岗位，埋头苦干，严肃认真成风。自从建立岗位责任制以来，从干部到工人，大家都有了这么个习惯，就是人人坚守自己的岗位，埋头苦干，做事不马虎，不凑合，严肃认真。

比如，李天照井组管的3口油井，安全生产1100多天，没有发生过一次大小事故；在3口油井上记录的21334个数据，经过47次反复检查，没有一个差错；3口油井上862个焊口、170个阀门，没有一处漏油、漏气；1851套螺栓，全部完整无缺；83件工具、仪表，件件完好，从未损坏过一支玻璃管、一支温度计。经过16次大检查，他们管的井一直保持着"五好油井"称号。他们执行岗位责任制，经过小队、矿场等3000多次明察暗访和16次大检查，真正做到了"四个一样"，就是：黑夜和白天干工作一个样，坏天气和好天气干工作一个样，领导不在场和领导在场干工作一个样，没有人检查和有人检查干工作一个样。我们觉得这种精神很了不起，就在全战区普遍推广，提倡养成这种风气。

这个井组的采油工人胡玉双同志，有一天他正在清蜡，暴风雨来了，本来可以到值班房内躲避一下，但是，他硬是守在岗位上，在倾盆大雨下，一连干两个钟头，一直到把蜡清完了才下来。又如，9排39井瓦斯管道被堵，修好后，火没有点好，从炉膛里喷了出来。旁边有两个工人搞清蜡，一个女采油工叫邢学兰，一个男采油工叫刘培标，正在从井里向上起刮蜡片，一团火扑到他们身上，衣服烧了起来。这两个工人不是先扑自己身上的火，而是先把刮蜡片从井里起出来，硬是坚持了有1分钟的样子，然后跑出去把身上的火扑灭。

三二四九钻井队方永华班，从井下取岩心时，6米岩心有一米半没有取出来，岩心收获率没有达到要求。班长一看任务没有完成，就落了泪。工人们说："没有完成任务，就不离开岗位，非把岩心全部拿上来不可。"他们第二次、第三次起下钻，一气干了26个小时。队长劝他们休息，他们也不休息，指导送馒头、送饺子来，请他们吃，他们也不吃，说："岩心取不上来，吃什么也不香。"一直坚持把6米岩心全部取出来。

现在那里，广大职工就是这样不怕困难，以艰苦为荣，以贪图安逸为耻，说干就干，干就干好，干就干到底，事情做不好，就吃不下饭，睡不着觉，埋头做"笨"事、做"傻"事，革命风气普遍发扬。

看来，一个队伍好事成风，就了不得。大庆这个队伍能信得过，敢交给他们办事情，办出的事也靠得住，就是由于好事成了风。

革命精神来自毛泽东思想。会战一上手，我们就强调大学毛主席著作。在工作顺利的时候学，工作中遇到困难的时候更要学，自始至终不间断地学。尽最大的努力领会毛泽东思想，运用到我们的实际工作中来。

我们这几年深深地体会到，一个队伍要发扬革命精神，就是要学毛主席的著作，遵循毛主席的教导，按照总路线的精神，坚定不移地去干。这样，队伍就会朝气蓬勃，方向就明确。

会战一上手，困难多，矛盾百出。我们就大学毛主席的《矛盾论》和《实践论》。一次就买了几万本，人手1册。干部读，工程师读，工人也读。所以，现在大家都讲："我们的会战是靠'两论'起家的。"以后读《毛泽东选集》就更广泛了，成效越来越显著。比如：技术干部搞不清油田情况，过去总是光问洋人，死抄洋书，结果还是糊里糊涂；现在他们就学毛主席著作，大搞调查研究，大抓第一性资料，做到又全又准，把油田情况搞得比较清楚，比光依靠洋人搞得更好，对外国的经验也能批判地接受了。在科学技术上遇到难题，人们不是望而生畏，半途而废，而是遵照毛主席的教导，破除迷信，解放思想，反复试验，大胆创造，敢于和国际水平较量，攀登世界科学技术高峰。大庆油田技术上的不少创造，就是这样搞出来的。油田建设任务重，时间紧，人力、物力、财力不足的时候，人们就不像过去那样分兵把口，分散力量，而是学习毛主席关于集中优势兵力打歼灭战的教导，集中力量，确保重点，一个仗一个仗地打，取得一个又一个的胜利。当生产管理上千头万绪，矛盾百出的时候，人们就不是像过去那样，头痛医头，脚痛医脚，抓了这个，丢了那个，而是本着毛主席在《矛盾论》中的教导，分析矛盾，抓住主要矛盾，找出关键，狠抓岗位责任制，把生产上千千万万件具体工作落实在成千上万人的身上，建立了正常的生产秩序。在生活上遇到困难的时候，人们就不是愁眉苦脸，向外伸手，而是按照毛主席关于"自己动手，丰衣足食"的指示，学习南泥湾的精神，大搞农副业生产，克服困难，改善生活，促进生产。在政治思想工作中，去分析和解决人们的思想问题，其结果政治工作越做越活，越来越有效果。

通过大庆会战的实践，我们深刻体会到，要办好一个社会主义的现代化企业，必须首先讲革命化。革命化，就是讲人的作用，讲阶级觉悟，讲工人阶级的革命精神、革命干劲和革命风格，就是要永远前进，永远革命，勇于斗争，敢于胜利。

我们办企业就在于我们是用革命精神来办企业，使现代化的企业革命化。这就是说，他们是打井，我们也是打井，他们是采油，我们也是采油，都是现代化企业，都是机械化操作，根本区别就是我们有革命精神，有革命理想，我们干的是革命工作，是伟大的社会主义建设事业。

有了广大职工群众的革命化，企业才有最旺盛的生命力。生产、建设就会蓬勃发展。即使是比较落后的技术装备，也能够生产出好的产品，先进的技术装备，就可以发挥出更大的威力。

因此，对一个企业的领导来讲，最重要的问题，就是要坚定不移地坚持正确的政治方向，就是要高举毛泽东思想的红旗，高举总路线的红旗，用毛泽东思想武装广大职工的头脑，不断提高人们的觉悟，引导人们走革命化道路，发扬无产阶级的革命精神。

二、高度的革命精神与严格的科学精神相结合

大庆会战职工的革命精神和革命干劲，是三年如一日的，有了这个精神，才人人争上游，事事争上游，才敢于提出在大庆油田的勘探和开发上要争夺世界冠军。

搞工业是和自然界做斗争，就要靠人们的革命干劲，革命干劲可以出技术。因此，就要把人们的革命干劲鼓到搞科学研究上去，鼓到搞第一性资料上去，鼓到掌握自然界的客观规律上去，鼓到扎扎实实的工作上去，鼓到生产上去。

高度的革命精神，冲天的革命干劲，与严格的科学精神结合在一起，才能发挥巨大的威力，才能使主观与客观一致，在生产上和科学技术上达到预期的效果，做出很好的成绩。

搞好一个现代化企业，不知要做多少艰苦、细致、扎实的工作；如果违反客观规律，蛮干乱干，搞坏一个企业，那就很容易。这一点，我们曾经有过教训。

比如1958年，在川中3个构造上，同时打出了油，我们以为大油田拿到了手，其实当时做的工作还很少，对地下情况还很不清楚，又缺乏经验，就做出了错误的判断，这个教训实在不小。

又如新疆克拉玛依油田的开发设计，是苏联帮助搞的。当时根据的资料很少，对油层情况了解得很不清楚。后来我们重新打井，取出岩心一看，完全不是原来设想的那个样子，他们搞的一套开发设计就根本不对头。现在要回过头来做根本性的调整，费事很大。

所以，光有干劲，不讲科学，不做扎扎实实的工作，那就是一股子虚劲，不是实劲，就会好心办坏事，产生严重的后果。

大庆油田，从一开始我们就再三强调狠抓第一性资料，把弄清油层情况作为勘探时期压倒一切的任务。从打井到开发的整个过程中，一定要取全、取准20项资料、72种数据，一个不能少，一点不准错。开始时，55号井的地质员，在打井过程中漏取了岩样，没有发现标准层。硬是开了一个礼拜的

会，几千个技术人员参加，严肃地进行了教育，让大家把这个教训记得死死的。地下的东西，你是看不到的，如果不这样严格起来，做事情怎么能信得过呢？

到目前为止，共钻井取岩心13047米，井壁取岩心14500颗；每口井都电测15至18条曲线，共测曲线2万多条，共长2万多公里；测压力4万多次。对这些原始资料做过55万个岩样分析，160万次分析化验，1744万次地层对比。搞了这么多资料，经过分析研究，就好像在油田地底下周游了一遍，把地下油层的种种情况，都搞得比较清楚。这样，领导上就心中有底，说话有把握，就不会讲瞎话，制订出的开发方案就比较接近实际，给油田生产提供了比较可靠的科学依据。

我们认为，重视还是不重视第一性资料，是尊重与不尊重科学的分界线；工作有没有把握，首先取决于是不是认识了客观事物本来面貌，是不是掌握了客观事物的规律。毛主席教导我们："人们必须在自己的实践中，精心地去寻找客观事物固有的而不是自己主观臆造出来的规律，并利用这种由客观反映到主观的规律，亦即客观真理转化为主观真理，就可以改造世界，实现人们的理想，否则是不可能的。"

大庆油田的同志们，革命精神和科学精神结合得好的事例很多。比如：为了解决严寒地区高含蜡、高凝固点原油的集输方法的重大技术问题，北京石油学院教授张英、工程师宁玉川等技术干部和广大群众相结合，深入现场，调查了232口井情况，取得了9700多个数据。经过两年多的时间，坚持现场三结合的方法，多次地反复试验，终于解决了这个难题。为了弄清油田的土壤传热情况，解决保温的合理温度问题，大庆设计院工程师谭学陵、技术员陈大昌等5人，从1960年到1961年连续10个月，在夜里最冷的时候，卧冰爬雪，到现场测地温，共计步行12000里，观测了1600个点，取得5万多个数据，进行了1100多次分析对比，终于找到了科学数据，并且校正了苏联沿用的集油管线设计的计算公式。为了弄清冬季铁路油槽车在运输途中原油温度变化情况，确定油库合理的加热温度，技术员蔡升等3名技术干部，在严寒的冬季，怀抱温度计，身揣窝窝头，跟随油槽车，行程1万公里，每小时测一次风速，每停车一次测一次油温，共测大气温度800次，风速600次，取得油温数据1400多个，认真地解决了这个问题。

再说一下大庆新建的炼油厂的例子。这个厂完全是我国自己设计，自己施工的。从开始设计，从每一张图纸，一直到施工的每一个工序上，都搞得十分严格，一丝不苟。从基础到安装，不管一个螺栓，一个阀门，一条管线，焊接、绝缘、防腐、保温都要件件合格，步步落实。工程建成投产以前，又组织了大练兵、大演习。第一步就搞单机练兵，一直练到每个人的动作都符合操作规程。单机运转以后，先后进行过4次联合运转大演习，使人们的动作在投产以前都合乎标准，协同动作很熟练了，设备运转都正常了，才开始进油，正式投产。这虽然是个全新的炼油厂，但就和老厂一个样，一下子就生产出了合格的产品。这充分说明，革命干劲和科学精神结合起来，会产生多么伟大的结果。

大庆的事实告诉我们，遵循毛主席的教导，把革命精神和科学精神结合起来，在充分占有第一性资料的基础上，加强综合分析研究，反复试验，透过现象，看到问题的本质，才能掌握事物的客观规律，才能有自由。在这种情况下，就能够大胆革命，勇于实践，敢于创造，采取措施，改造自然；科学研究工作就能树立新风气，就能开花结果，生产、技术就能不断发展，不断前进。

三、现代化企业要认真搞群众运动

现代化企业要不要搞群众运动？大庆石油会战做了肯定的回答。搞社会主义企业，要依靠广大职工的革命行动。大庆石油会战本身就是一个大规模的群众运动。问题不是要不要搞群众运动。而是要认真搞，扎实搞。不然的话，就可能搞乱，就可能光是疲劳群众，妨碍生产。

会战一开始，就发现了"王铁人"的奋不顾身的模范事迹。在当时那种情况下，很需要这样的模范人物，来带动人们、引导人们不怕苦，不怕困难，不爱钱，不怕牺牲。所以，我们就抓住了这个典型，开了一个上万人的群众大会。把周围30里的吹鼓手请来了，给"王铁人"披红戴花，骑上高头大马，书记牵马，吹吹打打送到会场，拥上主席台，领导同志做报告，许多人介绍他的英雄事迹。大家比，大家学，大家挑战，鼓得人们的劲头足足的，心都要跳出来了。在职工中树立了鲜明的旗帜，开展"王铁人"运动。以后，逐年发展为红旗手、红旗单位运动。到1962年，又开展了"五好"运动。3年来，群众运动一直持续不断，广大职工始终保持旺盛的士气。如果没有这一系列的声势浩大、扎扎实实的群众运动，大庆会战的胜利是不可能的。

搞运动要有明确的目标，要有个规格。运动应当从党的政策和国家任务出发，充分调动群众积极因素，以搞好生产为目的。运动的声势大些、气势壮些，锣鼓打得响点，是没有什么坏处的。只要工作扎实可靠，成绩是真的，锣鼓打到点子上，就越打越有劲；如果是闹形式主义，只在哄一阵，成绩是假的，那锣鼓就越打越心虚，越打越脱离群众。表扬一个人，树立典型，就是要实实在在的，不然你就是虚的，虚的就不能动员群众。

现在看来，企业里群众运动的主要形式，应以"五好"为目标，以先进为榜样，开展轰轰烈烈的比、学、赶、帮。这样的群众运动，与生产紧密结合，有充实的内容，有鲜明的旗帜，越比越有劲，越比越进步。

由于"五好"运动广泛深入开展，整个会战地区出现了你追我赶，热气腾腾，好人好事不断涌现的局面。

例如一二〇二钻井队和一二〇三钻井队，是两个竞赛硬对手。经过三年半的工作，到1963年10月，一二〇二钻井队已打井10万米，一二〇三钻井队只有94000米。一二〇三钻井队全队工人和干部个个坐卧不安，不甘心当"老二"，决心也要在1963年打到10万米，一再上书要求在冬季继续打井（本来钻井队冬季应停钻整训）。这个队的工人说："我们非要赶上一二〇二队不可！"领导上批准后，他们硬是在滴水成冰、寒风刺骨的条件下，坚持奋战，终于在12月28日打到了10万米。

由于"五好"运动的广泛深入开展，到目前，全战区涌现出以一二〇二钻井队为代表的"五好"单位212个，以王进喜为代表的"五好"红旗手1万多名。

大庆油田每年年底都要进行一次总结评功，现在已经开始搞第四次了。

总结评功，就是总结经验，提高认识，发扬成绩，鼓舞干劲，表扬先进，帮助后进，实质上是一场生动的总路线教育，是一场具体的社会主义教育和阶级教育。

总结评功，是从大多数群众的需要出发，从积极方面入手，挖掘和调动一切积极因素，树立革命风气，变消极因素为积极因素的最有效的方法。

这个运动包括三个阶段：

第一个阶段，大讲大摆，就是摆形势，认清主流；摆成绩，人人有份；摆经验，提高水平；摆进步，增强信心；摆前途，无限光明。

第二个阶段，在讲摆的基础上，启发人们饮水思源，回忆对比，搞清楚成绩、经验是从哪里来的，进行阶级教育，把思想提高一步。

第三个阶段，针对评功中暴露出的弱点，开展技术练兵，订"五好"规划。

总结评功的核心是大讲大摆。这个阶段，职工自己摆，互相摆，群众摆，领导摆，家属也摆。摆得细，摆得具体，摆得热火，每个人都摆出了十几条，甚至几十条成绩，摆得人心里发热，头上冒汗，坐卧不安，越摆越有味道，越摆越有劲。不仅先进人物的成绩漏不掉，而且把后进人物的点滴成绩和微小进步也都挖掘出来了。

大庆的总结评功会，开得非常热闹，大家都非常喜欢。有的工人的老婆，因为丈夫夜晚在队上摆，她就到矿上来找，跑进去也摆上几条。为什么这样热烈呢？就是说，他们辛辛苦苦工作了一年，需要党知道他自己干了些什么，需要领导干部和周围同志知道他自己干了些什么。摆了以后，他觉得很舒畅，同时，又觉得能学到很多好东西。

讲摆的结果，成千上万人摆出来的无数活人活事，使大家看到了成绩，感到了进步，认清了形势，明确了方向，增强了信心，鼓舞了干劲，使先进的更加先进，后进的不甘落后。摆出了一个人人心情舒畅，个个力争上游，积极因素大调动，革命精神大发扬的局面。

老工人李子正，是个制作汽车轴瓦的能手，大家都叫他"瓦片李"。人们给他摆功，说他，第一，3年做了5万多块轴瓦；第二，轴瓦质量优良，汽车司机都喜欢用；第三，在技术上有9项革新；第四，这几年培养了10个学徒，现在还带着几个新徒弟；第五，政治上进步，最近加入了共产党，评得他十分感动。他说："一年一度的评功实在好。如果说你是个泥人，是个木头人，也能够被感动。我的成绩，是党培养的结果，就是我把骨头埋在大庆，也报答不了党的恩情。我决心要为人民做一辈子老黄牛，宁愿死在为人民服务的岗位上，不愿死在小家庭的病床上。"

工人老高，爱讲怪话，人家叫他"怪话大王"。评功评到他了，他说："年年评功，我老高年年落后，领导上把那些好的捧得像个洋柿子一样的红，把咱老高总是抛在一边。你们都讲我落后，说我是怪话大王，我也有一条成绩。"他说："我老高这几年在这里参加会战，没有功劳，还有苦劳，起码没有开小差。"这样一来，另一个群众接着讲："你老高不错，你在会战中坚持下来了，这是一条成绩。还有一天，你在挖管沟的时候，一句怪话都没有讲，这是第二条成绩。"另一个群众又站起来讲："你老高还有一条，你有一点关节炎，挖管沟那一天没有旷工，也跟着我们去了。"还有一个人又讲了一条说："你老高去年请了25天假回家找对象，准时回来了，这也是一条。"这样你一言他一语，讲了他4条，他就高兴极了。他说："我老高还有那么几条，好家伙！"在这个会上，他问指导员还有什么意见，指导员说："我送你一本书。就是毛主席的《反对自由主义》。"并且告诉他，你好好地学习这一本书。他就讲："我这个老高，这几年忘了本啦，没有好好地为国家工作，丢了工人阶级的脸，今后我坚决按照《反对自由主义》这一本书，重新做人，请大家监督。"他还说要争取做个红旗手。第二天早上5点就起床挖管沟去了。一直干得很好。

工程技术干部评功，从技术成就评起，评得劲头越来越大，摆得人人心情振奋，摆出了雄心壮志，摆出了革命思想。

大庆油田地质研究室的地质技术干部，在总结评功会议上，摆出了他们研究室在会战中起了参谋部、尖刀连、研究室、情报网、气象站、资料队、宣传队、研究中心、小熔炉、大学校等十大作用，特别是，把一些重大成就和国外对比，比出了自己的水平。他们边摆成绩，边总结经验，拿毛主席的

《实践论》和自己的实际体验对照，越谈越感到这几年完全是在毛泽东思想指导下走过来的，决心继续突破油田勘探开发上还存在的科学技术关键。

不仅在职工中评得热火朝天，在家属中也评得十分热烈。许多家属通过评功变了样子。油库职工家属高素花，一向比较落后，3 年来一直不参加集体劳动。这次家属评功，大家给她评了 4 条功：一是家务处理得好，关心爱人；二是花钱有计划；三是吃粮有算计；四是能把自己的饼干票让给别人。高素花想不到大家会给她评出 4 条功来，越听越坐不住，站起来就说："人家也是人，我也是个人，1964 年一定要好好干一场，争取当个模范家属。"从此以后，她积极得很，家属夜晚开会，撵她也不走，还主动教家属唱歌、编快板。为了准备 1964 年参加集体生产，从评功那天起，一连 5 天就积了 700 多斤肥。

这样大讲大摆，不仅给先进的人物评了功，而且对比较落后的人物的成绩和优点也评了功，不仅摆出了事实，而且还提高到阶级觉悟、思想作风上进行评价总结；对技术干部还要把他们的技术成果和国内外先进的水平进行比较，提高到科学理论上进行评价。使大家看到了成绩，感到了进步，认清了形势，明确了方向，增强了信心，鼓舞了干劲，使先进的更加先进，后进的不甘落后。摆出了一个人人心情舒畅，个个力争上游，生气勃勃，积极因素大调动，革命精神大发扬的局面。

四、认真做好基础工作，狠抓基层建设

要办好一个企业，必须把根基打得扎扎实实、牢牢靠靠，生产秩序就会井井有条，生产就会稳定上升，队伍就能打硬仗，就可以有效地贯彻执行党的方针政策。因此，在一个企业内部，不能光搞轰轰烈烈，光图热闹，更重要的，还必须把力气使在打基础上。

会战中，我们接受了以往的经验教训，下决心把基础工作做好，强调把工作做到井口，做到工地，做到基层，把基础打牢靠。这样做的结果，生产一直很稳当，队伍越打越坚强。

那么，要抓几个什么基础工作呢？大庆的经验是这样的。

第一，要时时刻刻注意掌握生产动态。对我们开发油矿的人来说，就要

首先知道油层生产过程中起什么变化，时时要掌握它的变化情况。不把油层情况搞准，就没有决定生产的依据，计划也好，措施也好，都会搞不到点子上。那么怎样掌握地下情况呢？更重要的是，在日常生产中对生产的原始资料，要抓得准，抓得全，这是综合分析生产情况，掌握生产规律的根本依据。每口井每天每班都要观察、记录产油量、井口压力、油和气的比例，每隔三五天还要测试油井流动压力和取样分析化验，每月要进行一次综合分析，按井组分小层研究产油量、注水量、油层压力的变化和相互关系，每个数据都要做到准确无误。这样，一口油井的原油产量每增减1吨，含水量每增减1%，井口压力每升降1个大气压，都能及时掌握，查出原因，采取措施。

第二，必须保证优等的工程质量。这对油田和炼油厂来说，十分重要。一口油井、一个装置不是使用一天两天，它是要用几十年。所以每打一口油井，每建设一套装置，必须严格要求质量。如果工程质量不好，不但要给国家财产造成直接损失，而且会给以后的生产带来无穷的后患。我们在这方面是有过教训的。如克拉玛依油田过去打的井，质量不好，到现在还有好些井不能用。

质量不好，不是一个普通问题。对质量不负责任，就是对党、对人民不负责任，对社会主义事业不负责任，不符合总路线的多快好省的要求。对一个共产党员来说，是党性不强的表现。

质量不好，有的并不完全是技术问题，也不完全是原材料问题，关键常常决定于人们的态度，决定于人们的工作。只要人们遵照毛主席的教导，树立起质量第一的思想，有严肃认真的态度，千方百计地想办法搞好，就一定会搞好。

在大庆会战中，我们吸取了以往的教训，对工程质量始终采取了一丝不苟的严肃态度。我们处处讲质量，在大会上讲，小会上讲，每会必讲，经常强调，经常和那些不重视质量的现象做坚决的斗争。有些工程质量不好，就坚决推倒重来，有的混凝土基础搞得不好，就挖了重搞。开成千上万人的大会，狠反质量事故。硬是要通过群众讨论，通过群众批评，使当事的单位和工程负责人记一辈子，使所有的群众都认识到它的害处。如会战刚开始，有一口井在打井过程中，因为工程师没有注意，资料没有搞全搞准。我们就抓住了这个事情不放，开了半个多月会，讲道理，批判这种现象。这个工程师经过了教育，后来工作搞得很好。经过这样的整顿，同样的材料，同样的设备，同样的人，过去质量不好的，现在质量也搞好了，油井、炼油厂的生产，也就一直正常稳定。

在保证质量上，还采取了以下5个措施。

1. 严格要求搞好设计。工程质量的好坏首先决定于设计的好坏。我们在会战中，设计院就驻在工地，并且在设计前做周密的调查研究。对设计出来的东西，采取两个"三结合"来审查。一个是设计、施工和生产的"三结合"，再一个是领导干部、技术干部和工人的"三结合"。在施工中，特别抓了设计人员向施工人员交底，要求设计人员必须跟着工人走，设计人员要住在工地上，一张图纸一张图纸地向工人讲解，指出技术关键所在。讲解时，政治指导员也必须参加。一旦发现有不恰当的地方，就要立即研究改正。工人知道了图纸的全部意图之后，在施工中即使发现设计有缺点，也会想出办法来弥补，可以发挥主动性。这是我们保证质量最过硬的一手。

2. 根据设计要求，狠抓施工材料的质量。施工所用的原材料，必须经过分析化验。水泥也好，钢材也好，都必须经过分析化验，不合格的不准使用。如果要用代用品的话，必须事先经过反复试验，证明性质良好，合乎设计要求，不会影响质量的时候，经过领导批准，才准代用，不能稀里糊涂地乱代用。这个必须卡死，松不得口。一松口，就会有人强调困难，随便代用，就会出麻烦。

3. 在施工工地上，实行以质量为中心的岗位责任制。其中有一条规定，叫作"五不准施工"。就是说，在以下五种情况下，工人有权拒绝施工。"五不准施工"就是：第一，任务不清，情况不明，施工图纸不清楚，不施工；第二，质量规格标准和技术措施规定得不清楚，不施工；第三，备料不合要求，施工必需的基本条件没有准备好，不施工；第四，施工的设备、仪表不齐全、不完好，不施工；第五，上一道工序质量不合格，下一道工序不施工。在岗位责任制中还规定，由下一道工序的工人验收上一道工序。例如，砌墙的工人来验收基础的质量，如果认为基础的质量不合格，砌墙的工人就拒绝砌墙，必须由搞基础的工人返工。这样，对质量上有很大的帮助。

4. 万一工程质量不合格时，必须坚决推倒重来，绝不马虎凑合。会战开头两年，确实推倒一些东西。我们打的油井1000多米深，有的已经把钢管都下进去了，不合格，硬是命令把钢管拔出来。有的时候拔不出来，这个井宁肯报废，也不迁就。这样的井，我们曾经报废了两口。当然，报废一口井不是随随便便就算了。报废一口井，推倒了一个工程，起码开它几天会，狠狠地进行教育，而且还把这种犯错误、出事故的日子定为纪念日，每年纪念，提醒大家记取教训，永志不忘。群众和各级干部看你领导是什么态度，他们看你态度坚决，非报废不行，非推倒不行，你再开上几天大会，他们就会觉得这可不能含糊，凑合不过去，人们的风气就转过来了。推倒重来，我们是干过，可是以后，推倒重来的事就少了，逐渐地发展到1962年、1963年的一次成功，不返工。事实说明，没有当初推倒重来的决心，就没有今天的一次成功。

5. 在基本建设施工过程中，实行"五到现场"。就是：设计工作要到现场，供应工作要到现场，施工指挥要到现场，政治工作要到现场，生活管理要到现场。这是保证质量，也是保证施工速度的一个根本措施。光是在家里吹吹打打、指手画脚怎么行？我们有许多基本建设出毛病就出在这里，就是不到现场，只坐在家里乱吹，结果吃了大亏。后方机关脱离实际，与前线断绝来往，就会成为官僚主义的制造公司，使前线无所适从。一切工作到了下边就好办，需要解决问题，就知道及时解决，办过的事就硬邦邦的，就知道是不是实事求是。领导上有个"五到现场"，工人有个"五不施工"，卡得死死的，工程质量没有个不好的。

第三，搞好技术练兵，练好真本领、硬功夫。技术练兵，必须以岗位练兵为主，坚持做什么、学什么，缺什么、练什么，最后达到"四过硬"，就是：一、在机器上过得硬，熟悉机器性能，要像战士熟悉大炮、机关枪一样，会维护、保养，会排除故障。二、操作上过得硬，动作熟练、精确，协同动作好。在现代化企业中,练兵最重要的一个内容是练协同动作,因为我们任何一个生产过程,都是许多机器联合作业,操作必须是协同动作好。三、在质量上过得硬,干活要正正规规,合乎质量规格标准。四、在复杂情况面前过得硬,有安全知识,能判断、预防和处理事故。

要练成"四过硬",必须坚持天天练,在岗位上随时随地练。比方,我们采油工人练兵,主要是操作井口、阀门。怎样练呢?就是要和解放军一样,晚上能摸着把武器拆开,也能摸着把武器装起来。我们的工人也要练到把眼睛蒙住了也能拆装阀门。还有,我们仓库里的管料工人,不仅把他管的几百种、几万件材料配件有多少,能记熟,放在什么地方能记清,还在夜间把仓库灯关了,说我要什么料,提出单子来,几分钟内,靠摸黑就能把料拿出来。有些钻井队长、司钻的确练就了一套"绝招",一套独到的本领。"王铁人"打钻到1000多米的地下,一听钻机声音就可以判断现在是正常还是出了什么问题,甚至问题出在什么地方。这在书本上是学不到的。但是,在实际生产中最需要的就是这种硬功夫。

只要天天这样练,人人这样练,就会熟能生巧,使硬功夫、真本领传下去,生产技术水平就能不断提高。

第四,要狠抓设备。设备是现代化企业的物质技术基础,必须精心管理,做到台台完好。设备好,生产能力就得到充分的发挥。设备搞坏了,生产必然被动。只顾生产,不管设备,那肯定是搞不好生产的。在会战中,因为生产紧张,设备出力比较大,但是,由于这几年我们狠抓了设备,设备情况还是比较好的。现在,会战地区常用设备有几千台,完好率达87%。油矿上固定的设备少,多数是移动的设备,达到87%的完好率,不算很低。当然,还需要继续提高。

大庆抓设备主要抓了以下几方面的工作。

1.首先是和不爱护设备的现象做坚决斗争。大庆职工对不爱护设备的现象,列举了"八条罪状",就是:不注意"小节",丢了、坏了小零件不在乎,这是一;操作蛮干,不遵守操作规程,这是二;不按规定维护保养,这是三;光用不修,带病运转,这是四;不注意油和水的清洁,这是五;修理不讲究质量，这是六；不擦洗，不除锈，不注意整洁，这是七；干部只问生产任务，不问设备好坏，这是八。接着就狠反这些毛病。曾经采用过贴封条的办法，就是把机械工程师、技术员、老技师、老工人组织起来，戴上警察一样的红袖章，到处查机器，机器上缺了螺栓，就贴上封条，不准你动。特别是卡车，沿路检查，油料不合格，水不合格，干脆就贴上封条，蹲在那儿，不准动。其实，有些问题很容易解决，只要人们注意起来，举手之劳，就可以解决。和习惯势力做斗争，是我们管好设备的一个大问题。

2. 以岗位责任制为中心，实行定人、定机、定岗位，谁用、谁管、谁保养。操作工必须学会保养，使职工人人爱护设备。单人操作的，一班操作的，就实行专人专机制；三班操作的，几个人共同操作的设备，就设一个"机长"，非经批准，不准随便乱更换。这样，就有人操心机器了，机长负责督促，大家来管好设备。

3. 实行定期强制保养制。机器必须保养，而且必须强制保养。比如，规定机器运转2000小时，不管好用不好用，满了2000小时就一定停下来保养。保养时应该打开机器进行内部检查，如果零件、部件都很好，就擦洗一下，也会延长使用时间。这是我们从飞机场学来的。他们不管机器好坏，只要飞机一落地，地勤人员就给你保养。我们学了之后，就用在我们管理钻机、采油设备以及炼油厂设备上，很有效果。

4. 定期进行检修，确保检修的质量。检修时，对机器、设备必须拆开机体进行检查，特别要重视把机器的内脏搞得合乎规格、完完整整。

5. 要狠抓操作。操作要十分严格。必须按照操作规程办事，这样才可以保持设备经常完好，生产上就主动。

第五，基层生产岗位责任制是生产管理的根本制度。几年来，我们反复研究了这个问题。大庆油田在1961年，主要是勘探和生产试验，到了1962年，进行了大规模的生产建设。这个时候，生产规模发展得很快。大规模建设一开始，差不多每天有油井投产，隔几天又有泵站投产，生产管理上千头万绪，相当复杂。这时，生产管理没有跟上，于是问题就多了，出了一些事故。那时候基层干部有个反映，叫作"天天抓问题，问题越抓越多""抓大问题、关键问题，可是问题越抓越大"。为此，我们就把一些领导干部放下去，跟班调查。从调查回来的大量事实看，工人的积极性很高，都想把生产管好，基层干部也累得要死，东跑西抓，但是问题解决不了。这是什么道理？经过反复研究，大家一致认为，我们生产管不好的根本原因是：一方面，日常生产中大量的、常见的千千万万的具体事情需要人来管；另一方面，我们也有成千上万的工人，积极性很高，想把事情管好，但这两个方面没有结合起来，工人想管好生产，而没有门路。就是这么一个矛盾。根据这种分析，得出一条结论，要想搞好生产，必须把成千上万的事情和工人的关系固定起来，用什么办法呢？我们学习解放军的三大纪律、八项注意和哨兵守则的办法，用较少的条数和简明的文字，规定了每个基层生产岗位的岗位责任制。简单明了，人人都懂，人人都要遵守。经过一段试行，效果很好，生产秩序很快变了样子。

我们以往搞过很多制度，搞过计划管理、定额管理、奖励制度、经济核算制度等。这些制度都很重要，都要有，但是，岗位责任制是更根本的东西。有了过硬的岗位责任制，在这个基础上，计划管理、定额管理、经济核算，就容易做得实在，就能过硬。我们有些厂子里的制度有几十种、几十万字，其实这大都是一些操作规程，反而没有把人人都应当遵守的岗位责任制度建立起来。

岗位责任制到底应当有哪几个内容呢？我们认为，最主要的应当包括有6个内容：第一，岗位专责制。即每个岗位有哪些工作，必须做好，有哪些设备、零件，必须管好。第二，巡回检查制。即根据一个岗位所管的东西、工作范围，把必须检查的点连成一条线，按照规定的时间巡回检查。第三，交接班制。第四，设备维护保养制。第五，质量检验负责制。第六，班组经济核算制。这6个制度捆在一起，就成了完整的基层岗位责任制。

这6个制度中，专责制是核心，交接班制是关键。大庆职工对交接班制执行得很认真，实行了"七不交接"，这就是：一、任务不清，不交不接；二、质量要求和措施不明，不交不接；三、设备保养不好，不交不接；四、工具、设备、配件缺少、损失，不交不接；五、安全设备不正常，工作场所不整洁，有漏油、漏气、漏水、漏电等现象，不交不接；六、原始资料不全不准，不交不接；七、上班为下班的准备工作不好，不交不接。

过去，我们企业里的交接班情况是不好的，有马路交接的，有宿舍交接的，有打个招呼就完了的，也有干脆不交的。什么样的都有，很不严肃！我们狠狠地整顿了下，必须严格交接。而且首先卡住上一班未做好，下一班不准接班这一关。你接了班，不管发生任何问题，你就得负全部责任。我们以往的交接班不严，失了火，出了事，追来追去追不出道理来，推来推去都成了"无头命案"。现在不行了，上班未搞好，下班不接，交接得严格极了，而且下一班要给上一班评分，有的实行百分制，只要有一点缺点，就要扣分，工人和工人就是这么严格。

例如，西6排2井工人周树义接李林高的班，发现李林高填报表时，将套管压力23.2个气压，填成23个气压。周树义要扣分，李林高不同意，直到队长来了，把李林高批评了一顿，扣了1分才了事。

三矿四队井长杨德福1963年10月份一次交接时，发现扳手上掉了一个很小的螺丝钉，就从早8点一直找到10点，还未找到。接班工人张大发说："老杨同志，我帮你找。"杨德福不干，直到上午11点半才从土里翻出来。

现在生产岗位上的工人，都能按时进行巡回检查。例如，一口油井一般都划为182个检查点，交接班之前要全面检查一次，接班的时候还要检查一次，班长每天检查一次。其中有50个重要点，岗位工人每小时要检查一次。这样就等于全油田一天检查了几万人次，这是依靠少数干部办不到的。大庆油田井场没有油污，井下没有落物，就是这样做到的。

归根到底，岗位责任制要执行得好，决定于广大职工的政治责任心和高度的主人翁责任感，这是岗位责任制的灵魂。要是没有政治责任心，制度就成了一个没有生命力的东西。政治责任心则来自阶级教育，来自一整套的政治思想工作。只有这样，制度才能发挥威力，光靠命令是办不到的。为了培养职工的政治责任心和执行制度的自觉性，充分地发扬民主是很重要的。所以，我们在岗位责任制中，规定了岗位上的工人有五大职权。

1. 岗位上的工人，如无胜任的人代替，有权拒绝执行离开岗位的命令。

就是说，不管你局长也好，书记也好，到了生产场所，在生产岗位上的工人只给你点个头就是了，如果你要工人去谈话，去开会，工人有权拒绝。

2. 岗位工人必须搞好设备维护保养工作，并严格执行定期检修制，如果上级命令设备越期运转，岗位工人有权拒绝接受。工人就是按运转周期进行生产，超过周期他就拒绝运转。

3. 岗位工人有权阻止非本岗位人员运用本岗位各种物品，并拒绝没有操作合格证或实习证的人操作自己所管的设备。过去大庆有个泵站，就是由于有一个没有合格证的新工人操作而烧掉的。

4. 岗位工人发现生产上有隐患时，要立即报告所属上级，请求紧急处理，如果上级既不指示，又不处理，发展到危险的程度时，可以自行停止操作。

5. 岗位工人在没有操作规程，没有质量标准，没有安全技术措施的情况下，可以拒绝生产或施工。

我们感到，规定这些职权，体现了社会主义制度的特点，体现了工人当家做主，依靠工人管好企业的精神，增强了他们的主人翁责任感，充分调动了他们的积极性。实行"两参一改三结合"，我们深深体会，"两参"里面的工人参加管理，不是光表现在搞三个结合，也不光表现在参加个职工代表大会，提几个提案。我们觉得，工人在生产岗位上真正成为主人，有了权利，是体现工人参加管理的很重要的方面。因为你真正发挥了民主，他们也就能坚持原则，打破情面，严肃认真，一丝不苟，在工作上真正负起责任来，工人在岗位上就能把工作越做越好，好上加好。而且由于给了工人职权，就能加强自下而上的群众监督，提高了工人对领导干部的要求，有效地从根本上限制了领导上的官僚主义和瞎指挥。

第六，狠抓基层建设。基层单位，就好像解放军的连队一样，是最基本的前线作战单位，不仅是直接实现生产计划的单位，而且也是群众生产、生活的基本单位，它的强弱，直接影响生产。企业的一切工作都要面向基层，扎根基层，落实到基层，都要靠基层来实现。做好基层工作，要注意以下几点。

1. 基层建设必须以"五好"为纲，带动全面工作。

2. 加强基层建设的核心问题，是加强基层党支部的建设。支部最根本的是要发扬高度的革命精神，发挥党员的模范作用，团结职工，超额完成生产任务，成为这个单位的战斗堡垒。支部最重要的是要善于鼓励人们勇敢顽强地去战斗，支持每个干部放手地工作，努力完成生产任务。这样，支部就会在群众中形成很高的威信，成为团结的核心。有了好人好事，就大家表扬，有了缺点毛病，不管是谁的，也能直率地批评。如果支部不讲革命精神，领导上光讲究谁大谁小，谁领导谁，你说了算，我说了算，陷入个人主义的泥坑，争权夺利，扯不完的皮，说不完的是非，就什么事也办不好，不论保证作用也好，领导作用也好，都根本谈不到。

要加强支部的战斗堡垒作用，发挥支部的集体领导作用很重要。在一个基层单位，主要工作都要在支委会上讨论。支部对上级布置的任务和命令必须全力保证执行，不能变动。在支委会集体领导下，干部必须分工负责，协同一致。首先要强调各有专责，队长指挥生产，负生产管理上的全部责任；指导员负责思想政治工作；技术人员负责生产技术。明确分工，又要强调协同一致，共同负责。例如基层干部轮流跟班劳动的时候，不管是谁，既要对生产负责，又要对政治思想工作负责。总之，有了成绩归大家，有了缺点，抢着挑责任，互相帮助，互相支持，一切为了搞好生产。

3. 要有一个好的干部班子。如一个钻井队、采油队要有一个好的队长、好的指导员、好的技术员。他们是领导核心。

队长要能吃苦耐劳，干劲很大，既是劳动模范，又是生产能手。这样的队长，就能以身作则；遇到复杂情况，也能随机应变；在紧要关头，能带领大家冲锋陷阵；冲锋在前，退却在后，什么任务都能想尽办法去努力完成。

指导员必须是工作干劲大，原则性强，能团结人，能联系群众，并且要熟悉生产。在工作中要支持队长。有的队长到了生产紧要关头，有时就发起火来，可能态度不好，指导员就得做些解释工作，搞好团结。一二〇六钻井队的队长是个青年，叫段兴枝，这人火气很大，哪怕是冬天，打钻的时候，他也是衣服一脱就上去了，就是方式方法有些粗鲁。有一次，这个队和别的队比赛。他三天三夜没下井场,眼睛都红了,最后还是输了4个钟头。他这一输,浑身不对劲,见了钻头钻杆踏一脚,见了工人也发脾气,反正是不对劲。当时,他队里的指导员就不错,这个人叫陈懋汉,看到这个味道不对,就先想法叫队长回去睡觉,他转回来开工人大会,向工人分析队长是个什么心情,三天三夜恶战,付出了什么辛苦,取得了什么成绩;再分析一下为什么输了4个钟头,下次能不能赢回来?因为这个指导员会做工作,队长威信还提高了,工人反而更加喜欢这个队长。如果不是这样,这个队就会闹不团结。我们抓住这个例子在指导员中加以提倡,对搞好团结起了很大作用。

技术人员要经过实际的生产锻炼,最好是当过工人,顶过生产岗位,能说能做,熟悉技术,能实际地解决生产中的技术问题,能够协助队长指挥生产。要明确规定技术人员是队领导成员之一,这样,就可以充分发挥他的作用。

4. 基层单位要树立团结的风气。对一个基层单位来说,团结很重要,一定要在基层干部之间养成团结互助、阶级友爱的风气。干部爱护工人,工人尊重干部,尊师爱徒,人人以团结互助为重。教育每个成员做到有碍团结的话不说,有碍团结的事不做。队伍里头逐步养成团结的风气,那就好办了。

5. 企业领导机关要扎根在基层,为基层服务,不要给下级干部找麻烦,要取消那些"苛捐杂税",不要向基层要报告,如果需要什么材料,机关的人自己下去收集。各级领导干部对基层实行面对面的领导,帮助基层干部做好工作。

大庆油田现在生产秩序很好,生产稳步前进,这是狠抓基层工作的结果,它反映了企业的整个管理水平。

五、领导干部亲临前线,一切为了生产

企业是搞生产的,衡量企业办得好不好,最终要以生产搞得好不好为标准。因此,企业的领导干部和一切部门、一切工作,都必须从生产出发,以搞好生产为共同目标。离开生产这个主题,就会失去工作内容,就会脱离群众,脱离实际,就没有共同目标、共同语言。其结果,必然分散力量,搞不好生产。

要搞好生产，领导干部必须亲临前线。我们这几年深刻体会到，领导干部亲临前线，好处很多。

第一，亲临前线能及时了解情况，发现问题，同群众、下级干部共同研究问题，解决问题，比守在家里，光听汇报，光给下面交任务、提问题，要实际得多，有效得多。

大庆会战，因为部分领导亲临前线，直接指挥，战场上工作怎样布置，需要解决什么问题，就地都解决了。所以，来回报告、请示、批准这些事就少得多，工作效率就比较高。

大庆会战中有许多重大问题，如果不是领导亲临前线，是不大好解决的。会战初期，由于井打得少，当时只知道这个油田很大，但究竟哪里产量高，哪里产量低，还不那么清楚，重点应放在哪里，也拿不准。会战一上手，根据当时出油情况，把会战队伍部署在油田南部，以后发现北部地质情况比南部更好，油层比南部厚，产量比南部高，就立即调整部署。由南往北转移100多公里，集中力量先搞北部，很快拿下了大油田。如果领导远离现场，不直接掌握情况，稍有犹豫，就有可能延误时机，搞错部署。

第二，亲临前线就能亲自组织队伍，配备力量，选择重点，突破难关，就能正确地使用队伍，使用器材，这比光坐在机关发号施令要好得多。解放军打仗，指挥员到前线，了解情况，配置队伍，组织火力，是保证战斗胜利的重要因素。搞工业也是这个道理。

第三，领导亲临前线，能够认真进行调查研究，及时发现、总结、推广先进经验，帮助后进单位，加强薄弱环节。这样，就能做到点面结合，指导全面，更好地起到领导作用。特别是领导干部，在前线遇到困难，就挺身而出，与群众共同战斗，一起解决困难，鼓舞力量就更大。我们有个副局长王云午同志，只有一个胳膊，开荒种地时，他就和群众一起拉犁。工人感动地讲："一个胳膊的局长还和我们一起拉犁开荒，那我算老几，非干不行!"

第四，领导亲临前线，和群众同甘共苦，直接倾听群众的意见，就能够更好地了解群众在干什么，想什么，担心什么，要求什么；就能更直接地向群众学习，汲取群众的智慧，变为领导的意图，又把领导的意图，变为群众的行动，做到从群众中来，到群众中去。这样，就能具体地解决实际问题，有效地避免官僚主义。

领导干部亲临前线，最重要的是能带动所有干部和工人一起参加劳动。干部参加生产劳动，正如毛主席教导的，有着伟大的革命意义。大庆会战中，机关干部、基层干部参加劳动是经常的，已经形成风气。今年经常参加劳动的干部达到91.5%。大庆干部参加劳动的方式，主要有7种：（1）跟班劳动，进行调查研究；（2）带上问题跟班劳动，找解决问题的办法；（3）住在落后班组，跟班劳动，改善落后；（4）在最困难最艰苦的时候，跟班劳动；（5）在最紧要最关键的地方，跟班劳动；（6）生产上遇到复杂情况的时候，跟班劳动；（7）人少打突击的时候，跟班劳动。干部跟班劳动，都要做到参加劳动与组织生产、做思想政治工作相结合。

大庆各级机关干部，绝大多数都做到每月平均参加劳动6天以上，有的劳动10多天。他们多半是为了做调查研究而跟班劳动的。机关人员的劳动热情是很高的。在每年施工紧要关头，后勤劳动基本上是机关干部全包下来的，如突击修公路、运砂石，挤出时间播种、铲趟、秋收等，啥紧要就干啥。1963年9月、10月，3000多机关干部在泥水里突击挖土方17万立方米。

干部越是经常参加劳动，以身作则，冲锋在前，退却在后，工人的自觉性就越高，工作就越容易推动。工人的反映很好。他们说："有这样的好干部，天大的困难也不怕。"

为了搞好现代化企业的生产，还必须有严密的组织，把企业组织得十分严密，十分周到，不能有空子。这就要有强有力的生产指挥系统，把日常工作组织起来，指挥生产，监督检查生产。生产指挥系统必须高度集中，统一发号施令，不能分散，不能有多头命令。在领导干部中，要有一些人根据整个工作部署，着重负责处理日常的生产、政治思想、生活方面的具体工作，24小时时刻有人管生产；另一部分人则主要是抓关键性的问题，深入基层，抓典型，搞调查研究，总结经验，出主意，想办法。

要搞好企业的生产指挥，必须重视机关建设，实行机关革命化。就是要机关为基层服务，管理工作为生产服务。切实做到面向基层，面向生产，面向群众，积极为基层创造方便条件，为生产的需要服务，有效地克服官僚主义，充分发挥机关的作用，保证前线打胜仗。

怎样实现机关的革命化？大庆的办法是，建立以生产调度为中心的整套机关工作制度。机关的一切工作，都围绕生产动态来行动，生产前线干什么，需要什么，他们就干什么。不论计划部门、财务部门、劳动部门、物资供应部门、生活管理部门等，都必须和广大职工一起艰苦奋斗，积极地为基层提供方便条件，为生产服务，送人到现场，送工资到手，送饭到工地，送料上门。供应部门还组织了"货郎担子"，搞几个卡车，一天到晚在工地上到处转悠，又送货上门，又回收废旧材料。他们还根据需要，给基层单位设上一个"针线筐箩"，里面放些零星工具、扳手、钳子，随用随取，基层感到很方便。各个部门不准各自强调业务的特殊性，在生产的紧要关头去找基层干部的麻烦。不准向下面乱要报告，乱发报表，乱召集开会。要经常深入基层调查研究，检查生产，监督生产，亲自整理材料，帮助基层总结经验，解决问题。机关各个部门，都必须参加生产调度会，甚至生活管理员和炊事班长，也要参加基层生产调度会，主要了解生产情况，改进伙食，遇到突击的时候，就做好饭、好菜送上工地，鼓舞职工士气。这样，就能使基层职工一心一意地去搞好生产。

六、积极培养和大胆提拔年轻干部

队伍建设中的一个重要问题是干部队伍的建设。对现代化企业来说，重要的是要建设一支又红又专的技术干部队伍，因为现代化企业没有一支好的技术队伍，技术水平就不能提高，不能发展。

大庆会战中，打破了"唯资格论""唯学历论"的框框，大胆地提拔了一批政治思想好、革命意志旺盛、有能力的年轻干部，发挥了很大的作用。三年半时间，共提拔了1000多名，其中提拔为总工程师的有8名，提拔为主任工程师的有63名，提拔为工程师和地质师的有307名。这些同志，大多数在30岁左右。这些年轻干部提拔起来以后，在会战当中出了大力，做出了很多的贡献。

在培养干部的问题上，首先是领导对这个问题要重视起来，要从整个革命事业出发。干部是革命最大的本钱。培养干部，这是一个带有长远意义的一件大事，不仅关系到现在，而且还关系到将来。因此，培养和提拔下一代年轻干部，是非常重要的。

我们培养干部，无论在什么时候，都要坚持党的德才兼备的政策。提拔干部必须打破"唯资格论"和"唯学历论"的框框，这样才能大量地发现人才。在实际工作当中，看干部要看主流，培养干部要有方向。就是说，我们了解干部，必须从一个干部的全部历史和全部工作出发，如果只看一个干部的一时表现，那是靠不住的。每个干部身上的优点、缺点各有不同。我们对一个干部的看法，必须看他根本的一面，看主流。

培养技术干部的问题，在企业里已经成为一件大事情。因为每年毕业的学生越来越多，企业里的技术干部年年增加，如果不重视这件事，是要吃大亏的。

培养技术干部，我们这几年是怎样搞的呢？总的来说，就是要坚持中央的团结、教育、改造的方针，培养他们走又红又专的道路。我们的具体做法是：

第一，重视解放后学校培养出来的年轻知识分子。石油这个行业，解放前毕业的技术干部很少，绝大多数都是解放后学校培养出来的。拿大庆油田来说，现在共有好几千技术干部，其中解放以前的只有一百零几个，可能说几乎全部是解放后培养起来的。这些年轻的知识分子是我们的主要技术力量，无论从数量上或质量上看，他们都是培养与提拔技术干部的主要来源，他们现在已经成为或将要成为我们技术干部中的骨干。他们当中有不少优秀的人才，一心向着党，一心向着革命事业，精力充沛，责任心强，再苦再累，满不在乎。大庆油田这几年，大量地培养提拔了年轻的技术干部，如采油总工程师李虞庚、钻井总工程师王炳诚、总地质师闵豫，都是新提起来的30岁左右的年轻干部，他们干得很好。他们学的东西并不比老知识分子少。解放前一共才打过几口井？那时，技术人员有本领也没有地方练。我们有一位比较老的钻井工程师，在国民党时代总共只打过4口井；而现在一个大学毕业生，工作一年起码打十几口井。因此，在注意发挥老的工程技术人员的作用的同时，把培养技术干部的重点，放在培养年轻一代身上，我们认为是正确的。

第二，最根本的方法，是用毛泽东思想武装技术干部，组织他们坚持不懈地学习毛主席著作。知识分子不仅在政治上要革命化，政治上要红，要有坚定的无产阶级立场，拥护共产党，拥护社会主义，听毛主席的话；而且在思想方法上要红，要解决认识论和方法论问题，要善于用辩证唯物主义观点去观察问题、分析问题和处理问题。这个问题不解决，理论脱离实际，谈工作就谈不到一起，作风上就合不上来，工作就靠不拢。学习毛主席著作，就可以不仅从政治上提高他们的觉悟，而且还可以从认识论、方法论上来改造人。这个问题解决了，知识分子发挥的作用就大了。

这几年大庆油田每年都要召开几次大规模的技术座谈会。不仅有技术干部参加，也有领导干部参加，还吸收工人参加，以技术干部为主，总结技术工作中的经验。在技术座谈会上，不光是讲技术问题，而且常常变成了学习毛主席著作的座谈会，运用毛泽东思想解决工程技术上的问题。

第三，在工作上，对技术干部要做到充分信任，放手使用，严格要求，热情帮助。

放手使用，就是给他们担子挑，让他们投入到实际斗争中去，锻炼他们。大庆油田的做法是，各级负责的技术干部，也是同级领导成员之一，并教育基层干部尊重技术干部的领导。这样，把实际责任交给他们，支持他们，让他们有职有权地去进行工作。

在放手使用的同时，要严格要求，热情帮助。就是说，有成绩的时候，就要进行表扬；应该办到的事情没有办到，应该办好的事情没有办好，就要严肃对待；是领导上的错，领导上就要挑起来，不能推到他们身上。是他们的错，就直率地批评，指出方向，帮助他们提高。在批评当中，要帮助他们总结经验，接受教训。

在工作中要给他们创造学习和研究科学技术的方便条件，给他们解决一些困难。我们在大庆油田办了有4万多册书的技术书籍图书馆，特别是还收集了一套从创刊到现在的美国石油杂志，对技术干部在技术上的提高帮助很大。

第四，对于大学、中专、技校毕业的学生，刚分配来，就让他们当工人，顶岗位，劳动锻炼。规定大学毕业生和中专、技校毕业生都当一个时期工人，然后再提起来担任技术工作。这样，他们就能理论联系实际，根据培养的方向，按照所学专业，学会有关的生产操作技术，做到既能动嘴，又能动手。同时，通过与工人同吃、同住、同劳动，培养他们的阶级感情。这个办法，从1962年开始实行以来，已有近2000个大中专学生，在生产岗位上当工人，其中90%的人学习很好，只有10%的人不大安心。

这是我们在实际工作中培养技术干部，贯彻执行又红又专方针的一些具体办法。

七、培养一个好作风

工作作风很重要。一个队伍，没有好作风，松松垮垮，马马虎虎，稀稀拉拉，是办不好事的。一个好作风的实质，就是把革命精神和扎扎实实的工作态度具体化，成为人们日常行动的准则。

这几年，我们遵循毛主席关于实事求是，理论联系实际，密切联系群众，批评与自我批评等教导和中央的历次指示，以解放军的三八作风为榜样，针对我们石油工业的具体情况，强调树立"三老四严""四个一样"的作风。"三老"就是中央领导同志经常指示的，当老实人，说老实话，做老实事。"四严"是严格的要求，严密的组织，严肃的态度，严明的纪律。"四个一样"是：黑夜和白天干工作一个样，坏天气和好天气干工作一个样，领导不在场和领导在场干工作一个样，没有人检查和有人检查干工作一个样。

"三老四严""四个一样"，来自实践，来自群众，是逐步形成起来的。开始，我们狠反了队伍中以往存在的"一粗、二松、三不狠"的老毛病，这就是工作粗，不扎实，松松垮垮，抓不起来，特别是领导干部抓问题抓得不紧，抓得不狠，搞工作搞不彻底。这对我们搞石油来说，害处非常大。因为搞石油是地下作业，隐蔽工程特别多，间接获得的资料多，同时大会战又是几万人上战场，又有150多个工种协同动作，客观上要求要有高度的集中统一和各方面的严格要求，任何环节上的疏忽，都会影响整个生产活动的正常进行；而且当时队伍来自四面八方，虽然有革命的干劲，同时，也带来了一些旧习惯和老毛病，这与大规模的会战有矛盾。不解决这个矛盾，不反掉老毛病，不树立起好作风，就不能搞好会战，就不能做到多快好省，也就是达不到总路线的要求。因此，在1960年就提出了严格要求，逐步发展成"四严"的作风。以后在执行岗位责任制的时候，发现李天照井组能够做到"四个一样"，我们就抓住这个典型，普遍地加以推广。

"三老四严""四个一样"，一旦成为风气，就会产生巨大的物质力量，队伍就会变样子。

有了好作风，就能够起到我们领导上或生产管理制度上不能完全起到的作用。职工有了高度的自觉性和充分的主动精神，就能够弥补领导上或生产管理上的不足。

有了好作风，队伍就会一呼百应，指向哪里，打到哪里。不管做什么事，就能做好，事事都有个样子。

有了好作风，就是一个队，一个班组，甚至一个人单独出去执行任务，都能信得过，干出来的事情靠得住，遇到困难，也能顶得住。

有了好作风，搞工作就扎扎实实，就不会搞形式主义，各项制度就能切实贯彻执行，各种任务就能很好地完成。

有了好作风，人人都不甘落后，争先恐后，你追我赶，不服输。这种好作风占了优势，即使队伍里有些落后的，也能带起来。

有了好作风，队伍的组织性、纪律性就强，工作上就能过得硬。

好作风，是革命精神的具体反映，是党的艰苦奋斗的革命传统的具体化，是每个职工的高度阶级觉悟的表现。

怎样培养一个好作风呢？

第一，关键是干部带头。好的作风是领导干部带起来的，靠命令是命令不出来的，靠制度是定不出来的。干部以身作则，严格要求自己，身教重于言教，遇到困难，干部挺身而出，毫不动摇，始终如一，好的作风就容易形成。

例如，井长李天照，两年来，不管是自己值班还是休班，每天夜间都坚持上井检查一次工作，每班的报表都要亲自审查签字，从来没有间断过。在他的影响下，全井组工人养成了严肃认真、一丝不苟、"四个一样"的好作风。又如，1963 年有一天夜晚，刮大风下大雨，三矿四队一个值班工人想：这样大的雨，风又刮得挺大，查夜班的干部不会来了吧！他正想躺下睡一会儿觉，没想到正在害病的队长辛玉和却上井查夜班来了。这个工人很受感动，主动检查了自己的思想，从此，真正做到了"四个一样"。

第二，通过工作中最常见的、大量的、日常的具体事情进行教育，做到家喻户晓，人人皆知。在平时工作中，要事事讲作风，时时讲作风，人人讲作风，处处讲作风，看到作风有一点不好，就及时教育纠正，使好作风在人们心里扎下根。

例如，有一个施工队施工的一条管线，有一个接头质量不好。领导组织验收时，发现这个问题，不但当场拒绝验收，命令返工重来，而且接着在工地上召开千人大会进行教育，并举办展览会，组织职工去参观。又如，一五〇一钻井队，副队长胡免带领职工固井，在大雨当中连续苦干了 11 个小时，出色地完成了任务。可是，当任务完成后，他忘记了进行交接班了。领导在场看到这个情况，当即把他叫回来，重新交接班，并且在当晚开干部会，对他进行批评帮助，以后又在干部中大讲特讲。这些，对树立好作风都起了很大作用。

第三，严字当头，思想领先，要做到说服教育和严格要求相结合。严格要求必须具备 3 个条件：第一，要有正确的指挥，指挥不正确，就严格不起来；第二，要通过无数的正面和反面的事实进行教育，领导干部要有个"婆婆嘴"；第三，要启发每个人的自觉。

例如一二八四钻井队，他们打的一口井，因为搞坏了螺纹，套管没有下好，我们就坚决拔起来重下，并且组织各井队干部、工人轮流到这口井参观，接受教训。对于工作中的这些问题，必须追查责任、严肃处理，不能马虎，不能原谅，马虎了，原谅了，就会把作风搞坏。但是，必须反复地耐心地进行教育，提高大家的思想认识。

第四，通过实际工作中的磨炼，使队伍养成一个好的风气。实际工作的磨炼，是最实际、最具体、最深刻、最有力的。磨炼是一方面磨掉坏的，一方面练出好的，天天磨炼，逐渐磨炼成搞不好工作就吃不下饭，睡不好觉，一有任务就摩拳擦掌，抢着完成任务，说干就干，干就干好的好风气。

第五，凡是好作风，就要大发扬、大提倡。这几年，我们表扬了许多好人好事，对培养好作风起了带头作用。好人好事表扬多了，榜样多了，人多势众，"三老四严""四个一样"，就会逐渐形成风气。

八、全面关心职工生活

3年多来，大庆油田的职工工作是很紧张的，劳动的强度也是很大的，但是，职工的精力一直很充沛，情绪始终很饱满。这是什么缘故呢？这除了职工有高度的政治觉悟外，也由于会战中领导上比较全面地关心了职工生活，适当地注意了劳逸结合，适当地注意了按劳付酬，贯彻执行了党的政治鼓励与物质鼓励相结合的方针。

第一，企业领导必须全面关心职工生活。从职工的吃、穿、住、用、休息、看病、文化生活以及职工家属的生活都要关心，都要管好。就是说，我们企业领导对职工的生活要负全部的责任。

这几年，我们一直是一手抓生产，一手抓生活。可以说，如果这几年不狠抓职工生活，不解决职工生活上的实际困难，要取得会战这样的胜利也是不可设想的。具体做法有几点。

1. 组织职工大搞农副业生产，集体开荒种地。1960年以来，在粮食供应方面，遇到了困难。当时，职工面临的问题：到底是苦战还是苦熬？我们组织职工进行了讨论，学习了毛主席有关自己动手克服困难的文章，大家一致认为要苦战，要大搞农副业生产，不要苦熬。因此，从1961年起，就利用了当地的条件，在附近的荒地上进行了大规模的农副业生产。3年来共收粮食4000多万斤，菜6000万斤。其中，1963年种地10多万亩，收粮食和蔬菜各2000多万斤。现在，职工每人每月可得到自己生产补助的粮食5斤、油半斤、豆腐6斤、肉1斤半、蔬菜45斤左右，对于工程技术干部，补助得更多一点。这就克服了职工粮食供应困难，改善了职工生活，增强了职工体质，减轻了国家负担，有力地保证了工业生产。

我们组织农副业生产的原则是：土地来源依靠自己开荒，不许与民争地；劳动力主要依靠少数专业人员（每100亩地1个人）和家属，只在农忙时动员广大职工挤出时间打突击来解决，不许雇工生产；资金用企业奖励基金和福利基金，独立核算，自负盈亏，不许挪用生产建设资金；经营管理是采取社会主义的大集体生产方式，不许搞自留地；产品分配、除交公粮，留种子、饲料、专业人员口粮、储备粮外，其余产品采取平均分配略有差别的原则，分配给职工，不许领导多分多占。所有这些，都是经过职工广泛地反复地讨论才决定的。

由于广大职工自己动手，辛勤劳动的结果，目前大庆油田的农副业生产已具有一定的基础。

2. 加强食堂和集体宿舍的管理。我们强调保证职工吃到热饭热菜，吃得干净卫生，喝上开水，能够很好休息。实行领导进食堂，进宿舍，干部查铺盖被，问寒问暖。这些地方管不好，非无产阶级思想就容易泛滥。这几年，我们坚持了干部到集体食堂吃饭，轮流住集体宿舍的制度，效果很好。现在，工人集体宿舍像军队宿舍一样，都搞得整齐清洁，鞋子、毛巾、牙缸、箱子、铺盖等摆得很整齐。

3. 把职工家属组织起来，走生产自给的道路。关心职工生活，不光是要解决职工本人的问题，还必须注意切实解决职工家属的问题。我们的办法，主要一方面组织集体开荒种地，一方面参加服务行业，很受家属的欢迎。1963年已有好几千户参加集体农业生产，组成了300多个生产队，集体种地1万多亩，收粮食和蔬菜各200多万斤。家属自动提出少领国家粮食定量的20%。还有几千户家属参加作坊、拆洗缝补等服务行业。事实证明，组织家属参加集体劳动，既可增强家属的劳动观念、集体观念，提高家属的思想觉悟，又增加了职工收入，减轻了职工生活负担，解决了职工生活困难，对职工家属、职工本人、企业和国家都有很大好处。

在职工家属生活遇到困难的时候，组织上还要及时进行帮助。1963年对家住灾区的4000多户职工家属13000多人进行了慰问和救济，发出了9万多块钱，几万斤粮票，解决很大问题。领导这样关心他们，又补助他们粮食，他们很受感动，有1183名职工写了保证书或决心书，有766户家属从灾区寄来了感谢信。

4.通过组织家属生产，我们对于矿区建设初步摸到了一些经验。目前矿区里没有集中的生活福利区，初步形成了几十个居民点。这些居民点，既是职工生活基地，又是组织家属集体搞农副业生产的基本单位。因为这儿有很多荒地，即使以后油田发展，家属增加，也不打算搞集中的生活福利区，只是再多建些居民点就行了。这样，既可以不搞那么多城市建设，节约国家的建设投资，又可以使职工家属由消费者变为生产者。过去的规矩，办工厂，就得搞集中的生活福利区，职工家属住在城市里，就脱离生产，变成了消费者。这给国家造成了一个很大的负担。将来，油田的农副业生产基地全部移交给国家集体耕种后，不但可以减少国家的城市负担，而且还可以由家属们生产蔬菜副食品等，供应油田职工。今后，随着居民点的建设日趋完整，家属农副业生产的日益发展，就可能出现一个城乡结合，工农结合，有利生产，方便生活的新型矿区。

总的看来，领导上对职工越是关心，职工越是感到党对他们的关怀和温暖，就越是集中精力搞好生产。领导关心职工生活一分，职工就会关心生产十分。特别是在生活困难的时候，更是如此。有的工人说："在困难的时候，领导挺身而出，这样的领导我们信得过；说老实话，你领导上摊开手，傻了眼，拿不出办法来，我们就不会跟你走。"这等于群众对领导上做了鉴定。

从这里又可以看出一个重要问题，就是领导上全面关心职工生活，不仅能解决职工生活上的一些具体问题，而且能培养职工集体主义的思想，使他们感到组织上的关怀和集体力量的伟大。这对克服自己散漫的习气，抵制歪风邪气的侵袭，有重要的作用。如果我们组织上不管职工生活，不用天长日久，与组织的关系就会疏远，集体主义的观念就会淡薄下来。这些地方，就会成为非无产阶级思想、歪风邪气滋长的场所，人们的思想就会混乱，队伍也就巩固不了。

第二，认真贯彻执行劳逸结合。大庆会战像野战一样，要在短期内拿出大油田，任务很重。同时，由于当地气候条件，施工期间短，只有5月到11月这一段时间可以勘探、钻井。因此，劳动是很紧张的。为了保证职工的体力能支持下来，我们对职工劳动时间做了合理安排，尽可能使他们有足够的休息时间。我们做了以下的工作。

1.根据当地气候特点，除平日尽可能使职工有必要的休息时间外，并特别注意安排季节性的劳逸结合。勘探、钻井、施工队伍每年5月到11月，是施工、种地的黄金季节，战斗最紧张。时间上大体为工作10到11小时，睡觉、吃饭、休息、自由活动11到12小时（其中夜晚睡觉保证8小时），开会（包括学习、生产碰头会等）2小时。12月到第二年4月，因气候所限，进行冬季整训和冬季施工，时间上大体是工作5到6小时，睡觉、吃饭、休息、自由活动12到13小时，整训（着重政治技术学习）6小时。由于有这样两种时间表，一年内形成了两大季节的劳逸结合。油田采油和辅助的生产工人，一般是每日工作8小时，特别紧张时要干10小时。

2.冬季整训时，没有带家属的职工，放1个月左右的探亲假。

3.日常生活中，为了切实搞好劳逸结合，做到"七不准"的规定。一不准降低规定的生活标准和提高规定的伙食费，目前规定每月伙食不超过12元，因为他们自己种菜、养猪、养牛，又有粮食，是能够做到的；二不准吃冷饭、喝不上开水；三不准穿不上棉衣；四不准睡不够8小时觉；五不准住冷房子；六不准开没有准备的会；七不准不关心病号。职工一有了病，大家都关心照顾，及时予以治疗。

第三，正确地实行物质鼓励。大庆会战是打了一场政治仗，主要靠职工觉悟和革命干劲打胜的。在职工中提倡不计时间、不计报酬、不分级别、需要什么干什么的风气，但是领导上又必须认真地注意职工的物质待遇，坚持按劳分配的原则。会战中实行的是计时工资加奖励的工资制度，不是实行计件工资。

奖励的方法主要是：

1. 每月发一次综合奖金。奖金数为月工资总额的9%，得奖面占职工的70%~75%。

2. 每年发一次年终奖金。会战中生产搞得比较好，每年都有超额利润上交国家。根据国家规定，在给企业的奖金中，拿出一部分发给工人。1962年得奖面占职工的90%多。

3. 在每年生产紧张季节，工人多做几小时的工作，不发加点费。星期天和节日加班，发给加班费。而冬季受气候所限进行整训时，做不到8小时工作，也不扣钱，而且不带家属的职工，还有1个月的探亲假照发工资。

大庆油田对于分配问题的基本经验是，必须根据政治挂帅与物质鼓励相结合的原则，必须根据"各尽所能，按劳分配"的社会主义分配原则。要做到各尽所能，就要有阶级觉悟、革命精神。否则，人们就不会很好地尽自己所能。因此，必须首先教育职工为革命、为国家、为集体而尽自己的所能，不是为个人得奖金而劳动。在职工做好了工作之后，根据个人的成绩给予一定的物质鼓励，也是十分必要的，是必须遵循的，这种鼓励反过来又鼓舞人们的工作积极性。如果只讲物质鼓励，不是首先讲革命，即使有更多的物质鼓励，也不能完全解决问题，并且会助长不良倾向。当然，如果只讲共产主义风格，而不遵行按劳分配的原则，也不可能保持职工的生产积极性，因而也是错误的。

根据这个原则，大庆评发奖金的办法是，在搞好集体生产的基础上，个人才能得奖，也就是说物质奖励不能单讲个人利益，应该首先讲集体利益，个人利益服从集体利益，不能损人利己。不能为了自己得奖，只顾自己超额完成任务，搞乱了生产条件，把方便留给自己，把困难留给别人，而是要上下班之间，上下工序之间，互相创造条件，严密协同配合，共同把集体生产搞好。否则，就不能得奖。这样做，就可避免过去发奖金中职工闹不团结，闹个人主义、平均主义、影响生产等缺点，又可不断培养职工的集体主义思想，使政治挂帅与物质鼓励正确地结合起来。

九、认真地学习人民解放军的政治工作

这几年，我们的政治思想工作，就是高举毛泽东思想红旗，发扬革命精

神,结合石油工业的特点,认真地学习人民解放军的政治工作经验……

第一,……首先必须做好人的工作,做人的工作,必须抓人的思想……刘主席曾经指示我们:搞油的人要处理好人、机器和石头三者的关系。这就是告诉我们,机器是工具,是物质技术基础,石头是地层,是斗争的对象,人是掌握机器和地层做斗争的。这三者之中,人是决定性的因素。搞石油不把人的工作做好,再有好的机器设备,也不可能发挥高度的威力,获得好的生产成果。人的工作做好了,人的思想觉悟提高了,这可以最大限度地发挥人的积极性,充分发挥机器的作用,去和自然做斗争,把生产、工作搞好。

第二,狠抓六个方面的工作。

1.组织职工大学毛主席著作,用毛主席思想武装职工的头脑。这是思想政治工作和队伍建设的一个根本问题。

1960年会战一上手,我们就组织职工大学《实践论》和《矛盾论》。正如会战职工所说的,我们是从"两论"起家的。目前,会战职工中有学习毛主席著作的小组3000多个,参加学习的有几万人,其中学习比较好的有5000多人。我们发了毛主席著作单行本82000多册,印了毛主席语录28万多册。例如,"王铁人"过去是个放羊娃,认字很少。会战以来,坚持学习毛主席著作,现在已经学完了《毛泽东选集》四卷。仅《关心群众生活,注意工作方法》这篇文章,就反复学了39遍。大庆的一些技术干部,学了毛主席著作,思想觉悟大有提高,开始懂得用辩证唯物主义的观点,去分析、研究、解决油田工程技术问题。他们学了毛主席著作,思想就开窍了,做起工作来也变得聪明了,对外国的东西也能批判地接受了。

2.狠抓阶段教育,提高职工的阶级觉悟,这是思想工作的基础。

……

3.狠抓大表扬,大树标兵,开展总结评功运动。

队伍里各种各样标兵树得越多,正气就越高。关于这个问题,在群众运动一节里已经讲过,这里只讲一个问题,就是我们在总结评功运动中,在从正面教育入手，从积极方面入手，进行大表扬、大鼓励的同时，还用阶级分析的方法去分析职工成绩和缺点的根源，抓住活生生的、最现实的东西，对职工进行最根本的、最深刻的阶级教育。这种阶级教育最现实，可以在阶级忆苦教育的基础上，进一步提高人的觉悟，调动人们的积极性。

4. 在日常生产和生活中，抓紧进行一人一事的活的思想工作。这种一人一事的思想工作，可以随时随地进行，非常管用。它最能触到人们的思想深处，一把钥匙开一把锁。这是我们做思想政治工作的一个重要方式，也是指导员的一个重要工作方法。因为职工中的思想问题不仅大量存在，而且随时会出现，光靠运动来解决还不够，必须在生产、工作中随时随地来解决。

会战队伍中，干部与工人经常谈心，工人互相间谈心的活动是比较普遍的。正因为依靠群众随时随地做思想政治工作，群众中大量的思想问题，就不会成堆，就能及时得到帮助，及时得到解决。

……

5. 狠抓"五好"评比竞赛。

大庆的"五好"运动，是以"五好"单位为中心，通过"五好"单位，落实到"五好"个人，落实到油井、设备、生产、工程和执行岗位责任制上。油井、设备、生产、工程搞不好，执行岗位责任制做不到"四个一样"，就评不上"五好"个人或"五好"单位。

搞"五好"竞赛，坚持定期的检查评比很重要。大庆的做法是：以"五好"单位为中心，基层每月一检查，指挥部每季重点检查，全战区每年7月试评，年底进行总评。

基层单位每日的评比，是在每天每班讲评的基础上进行的。基层班组，每天都要在3次的交接班中进行工作讲评，首先下一工序为上一工序评，下一班要给上一班的工作评分数。班后会上又对本班和每个人的工作相互讲评，记到工作日记上。这就是说，每人每天的生产成绩，首先要由别人来评定，前后左右工序之间互相评。例如，钻井队柴油机司机的工作首先由司钻来评，司钻的工作首先由钻工来评，烧锅炉的工作首先由用蒸汽的人来评，然后才是本工序讲评。下一班为上一班评，不仅评上一班任务完成好坏，特别要评上一班是否给下一班创造了条件，有没有本位主义，是不是只管自己超额完成任务，搞乱了生产条件，把方便留给自己，把困难留给别人。这样，所有职工在日常生产和执行制度中，时时刻刻以"五好"条件要求自己。

每月的评比检查都是先评集体，从岗位责任制开始，结合检查油井、设备、生产的情况，先弄清这个月你这个单位生产、管理上究竟做到了什么程度，然后才在这个基础上评比"五好"个人。评"五好"个人，是以对集体"五好"做出的努力为前提的。这样，每个职工首先关心的是把集体"五好"搞好，首先为别人服务，在实现集体"五好"的过程中争当"五好"个人。每月的评比，不仅本队、本矿自己评，而且有兄弟单位之间互相评，上一级的检查团重点抽查，因此评得细，评得扎实，评出的先进单位和个人就过得硬，经得起检查。

会战指挥部的试评和总评，就评得更加细致、更加全面，总是反复多次，上下左右核实。最后经过反复讨论，才评选出年度的"五好"单位、"五好"个人，正式命名，隆重授奖，大表扬，大庆功，树立鲜明旗帜，鼓舞干气，促进生产。

大庆油田的这一整套评比检查，实际上是动员、引导群众大找差距，大比先进，大帮后进，大争集体荣誉的有效方法。

6. 充分发扬政治、生产技术和经济民主。

政治民主主要是保证每个职工有向一切违反党和国家的政策、法令的现象做斗争的权利，保证每个职工在一定的会议上有批评干部的权利。大庆在各种会议上或生活会上，工人都可以插话，对干部进行面对面的批评，正确的意见，干部就立即接受，保证职工有充分的政治权利。

生产技术民主，主要是广泛地吸收工人参加生产技术管理，把群众管理和专业管理结合起来。我们经常发动群众讨论生产上的作业计划，讨论规章制度，讨论生产技术上的重大问题，大搞技术革新。

经济民主，主要是工人参加经济核算的活动，搞班组核算。还要管理食堂，就是要求食堂日清月结，要分伙食尾子。每年还讨论生活规划，讨论农副业生产分配方案。

充分发扬政治、生产技术和经济民主，就能调动企业职工的积极性，使企业指挥高度集中。增强职工队伍的组织性、纪律性。

第三，坚持做到"四个为主"。政治思想工作要吃透"两头"，即一头吃透党的各个时期的方针政策和上级指示；一头吃透职工的思想，坚持"四个为主"。

1. 职工的思想问题，往往与存在实际困难有关系。解决职工的思想问题，要一手提高职工思想，一手解决应当解决而又可能解决的实际困难问题，但必须以提高思想为主。

2. 在对职工的思想教育中，有表扬和批评两手，批评是必要的，但要以表扬为主。不但要表扬先进的，对于落后的，只要有好的一面，也要表扬；不但领导和积极分子出来表扬，还要发动群众相互表扬；不但要拿具体事例来表扬，而且要提到政治思想高度来表扬。这样，就能激励人们的上进心、荣誉感，充分调动人们的积极性。

3. 对职工中的缺点、错误，要进行正面说服教育，在一定情况下可以执行必要的纪律，但必须坚持以正面说服教育为主。对绝大多数职工的缺点和错误，通过摆事实，讲道理，从正面来耐心说服教育，提高认识，就能得到解决。如果动不动就采取批判、斗争，粗鲁简单的办法，必然会挫伤群众的积极性，影响内部团结，解决不了思想问题。

4. 在对职工的思想教育中，有自上而下地进行教育与群众性的相互教育两个方面，而应以群众性的相互自我教育为主。职工中日常大量的思想问题，应当主要是依靠党团员、积极分子，通过班组座谈和个别谈心的方法去解决。这样就能最及时、最实际地解决群众中的思想问题。

第四，明确树立3个观点。

一是生产观点。……政治工作必须从生产实际出发，为生产服务，因此，政治工作必须做到生产过程中去，做到科学实验中去，到日常生活中去，了解人们在干什么、想什么。透过这些来分析人们的思想活动，用正确思想把人们武装起来，指出正确的方向。这样，政治工作就会有的放矢，生动活泼，就能把政治和经济、政治和技术统一起来，精神力量就会变成物质力量，在生产上发挥巨大的威力。

二是群众观点。政治工作还必须从大多数人出发，从积极方面出发。一支队伍中，有积极方面也有消极方面，有先进的部分也有落后的部分。我们做工作，什么时候都必须从大多数出发，调动积极因素，克服消极因素，推动先进，改变落后。这样，我们企业里的好人好事就会层出不穷，整个队伍就会共同提高，不断前进。反之，如果工作不是从积极方面出发，而是从消极方面入手，不但消极的东西得不到克服，落后的部分得不到改造，而且正气不能上升，革命精神得不到发扬，队伍就会没有生气，没有战斗力。

三是革命化观点。政治思想工作是做人的革命化工作。通过长期艰苦细致的思想教育工作，发扬革命精神，培养革命风气，使人人革命化，使人们明确意识到自己是在干革命，自己所做的平凡的工作，都是革命工作的一部分，做好本岗位的工作，就是对革命尽了力量，做出了贡献。这样，人们就会勇气十足，浑身是劲，奋不顾身地来进行工作。

总机厂班长何作所说："我1962年来大庆以前，是在一个电机厂当车工，立过6次功，可到这里怎么也跟不上，连工时都撑不上。通过评功、阶级教育、评补助粮，我的思想通了，我也忆了苦，这一下懂得了革命。石油工人干什么都是革命，拣个螺栓是革命，擦机器是革命，扫个地也是革命，反正我不论干啥，总觉得自己是在革命，因此，劲很足。"

总之，一切工作都必须以毛泽东思想为指针。只要遵循毛泽东思想办事，不论那里环境多么艰苦、紧张，条件多么困难，任务多么艰巨，职工士气总是旺盛，团结总是亲密无间，工作总是活跃有力。离开毛泽东思想，就一定做不好工作。大庆石油会战的胜利，就是毛泽东思想的胜利。

同志们，我们在上面汇报了大庆石油会战的工作情况和一些基本经验。总的来看，大庆油田的工作，有成绩的一面，也有缺点、错误的一面。就是从成绩方面来说也不是一下就做得很好的，而且现在也不是各方面工作都做得一样好，实际上还是有好的有差的，是不平衡的。从缺点、错误方面来讲，主要的有以下几个问题。

第一，在会战中，由于职工的觉悟比较高，干劲大，一个胜利接着一个胜利，掩盖了我们在组织领导方面的许多缺点、错误。例如，劳动力组织上有不尽合理的地方，劳动力的使用，精打细算不够，有些任务考虑不周，工作多变，因而造成工作上有时紧，有时松，有时劳动时间过长，有时调动频繁。这就无形中浪费了劳动力，而且很不利于劳逸结合、珍惜职工的劳动热情。群众反映："不怕你任务重，就怕变动多。"这在我们今后实际工作中，必须严肃对待，切实地加以改正。

第二，会战中，从勘探到油田开发，发展很快，企业管理上出过很多问题，曾经发生过一些严重事故。例如，1960年，有两部钻机，由于井喷事故，井场下沉，被埋掉，共损失100多万元；1962年初，由于管理不善，一座注水泵站发生火灾，全部被烧毁，损失63万元。这些都说明我们的企业管理制度很不完备。至今有些制度还没有建立起来，有些制度建立不久，还不健全。班组的经济核算制度，还在试点阶段，职工中的成本观念，还不是很强烈；原材料消耗上，还有许多漏洞，浪费现象还不少；在技术管理上，还不严密，工程技术干部的工作，还不够条理化，还不够正规。基层岗位责任制度虽已普遍建立，但有些单位执行得还时好时差，有40%的单位还没有做到"四个一样"。大队以上干部的岗位责任制，还不具体。

第三，会战中，虽然我们也解决了一些重大技术难题，但至今还有一些重大技术问题尚未解决。

第四，由于生产发展得很快，新投产的油井和装置都很多，人员培训工作没有跟上，安排得不及时；有些生产人员，技术水平低，操作不熟练，增加了老工人的劳动强度。今后油田生产规模进一步扩大，这个矛盾将会更加尖锐，这就迫使我们必须抓紧解决。

第五，职工生活上，还有一些重要问题应该解决而没有得到解决。主要是房子问题，现在都是凑合在一起住。由于房子不够，有不少应该来矿的职工家属不能来。特别是一批转业战士，在部队4年，转业来矿也快4年，至今还解决不了他们的带家问题。已经到矿家属的子弟，上学问题也没有完全得到解决。矿区的文化娱乐条件较差。这些问题都需要我们今后逐步解决。

今后大庆油田的任务，还是很艰巨的。我们必须兢兢业业，戒骄戒躁，谦虚谨慎，努力学习大家的先进经验，认真地克服缺点，把工作做得更好。

我们的报告有什么不对的地方，欢迎同志们批评。

（出自《大庆精神大庆魂》）

康世恩在北京市领导干部大会上关于大庆石油会战的报告

1963 年 12 月 24 日

遵照彭真同志的指示,我今天向到会的同志们,把大庆石油会战的情况做一个汇报。

大庆石油会战是从 1960 年 5 月开始的,到现在是三年半的时间。在这期间,可以说搞成了三件大事情。第一件是拿下了一个大油田,这个油田是世界上特大的油田之一。第二件是在这个油田上已经开发出了一块,目前建成了一个年产 600 万吨原油的石油基地。第三件是建成了一座大型炼油厂,第一期工程已经投产。这个油田的勘探和建设速度是比较快的,油田的地质资料收集得比较齐全,地下的情况搞得比较清楚,油田建设和炼油厂建设的质量也是搞得比较好的。

在三年半的会战中,我们连续打了几个比较艰苦的硬仗。

1960 年会战一开始,打了一场规模比较大,条件比较艰苦的勘探仗。从 1960 年 5 月一直到年底,一口气打了 322 口探井,用了半年多的时间就探明了油田面积,当年就把这个油田拿下来了。

到了 1961 年,我们主要搞了油田的生产试验,又做了大量的油田地质科学研究工作。经过这些工作,1961 年就把油田的储量搞得比较清楚了。并且通过科学研究和生产试验,摸到了一套适合这个油田情况的开采方法。

1962 年,为了迅速地把产量搞上去,我们就进行了大规模的油田建设,完成了大小工程 275 项。同时,狠抓了油田的生产管理。

到1963年，我们继续扩大油田建设，建成了大型炼油厂的第一期工程，还进一步整顿和提高了生产管理。

这三年多时间，我们完成了大量的基本建设工程：打了1116口油井；铺设了集油、输油、供水、注水等地面管道775公里；建成了转油站、油水站37座，大型油罐20多个，以及相应的全套辅助工程；同时，还建成了炼油厂常减压和热裂化装置各一套。所以，这三年是连续苦战的三年，是连续跃进的三年。

三年半当中，共花国家投资7.1亿多元；为国家生产了原油1155万吨；上缴给国家的利润和折旧11.6亿元，投资回收率为149%。全员劳动生产率也是逐年提高的，1960年平均一人一年4886元，1961年就增长到10823元，1962年增长到12530元，到1963年又继续提高到16265元。这场会战，我们觉得在经济效果上的收益也是比较大的，见效也是比较早的。

这个会战更重要的收获，是培养和锻炼了一支队伍。这支队伍，近几年经过了艰苦的锻炼，思想觉悟大有提高，组织性、纪律性得到了加强，技术水平也有很大进步。现在可以说，这支队伍能吃苦耐劳，能打硬仗。

以上是这个油田的简要情况，下面我就讲几条我们在石油会战中的体会。

按照毛泽东思想办事，发扬高度的革命精神

大庆石油会战是在一个比较困难的时候，一个比较困难的地方（那个地方不仅是草原，而且是个沼泽地）打上去的。1960年会战一上手，当时有4万多人（现在发展到5.6万人），一下子集中到草原上，正如工人们当时说的，头顶青天一顶，脚踏草原一片，一无房屋（那个地方没有村庄，只有一个牧场，没有依托），二没有床铺，就是锅灶、用具也很不够，当时一下子也供应不了那么多。所以，会战的队伍全部露营。那时，谁家要能得到一顶帐篷，就是优待了。我们把帐篷当奖品来发，谁家工作搞得好，才发一顶帐篷，其他职工都是露营。虽然这些困难都克服了，但最大的问题是会战处在

高寒地区，转眼冬天就来了，那个地方冬天来得早，国庆节时就来了。没有房子，的的确确在这里站不住脚，这对我们的压力最大。所以，我们就发动全体职工，一方面要大搞勘探，搞好生产；另一方面，还必须挤出时间来盖土房子。不管你是领导干部，还是总工程师、大学教授、工人，男女老少大家一齐上阵盖土房子，当地老百姓叫"干打垒"。我们从7月份开始，只用了几个月的时间，就搞成了30多万平方米的土房子，使我们安全地度过了第一个冬天。

当时那个地方，确实像个战场，东一个帐篷，西一个帐篷，有的根本没有帐篷。埋锅烧饭，三块砖头一架锅，在那里支着，东一摊、西一摊，大家都那样星罗棋布地在那个地方干工作。这个草原里还有一个艰苦，就是蚊子之多是吓人的，它一窝一窝。当时防蚊设备也没有，有的人干脆让它咬算了，不理它了！哈尔滨派去一个文工团慰问，演员们不能张口，一张口，蚊子就飞进去了。会战队伍就是这样挺过来的。

1960年，我们渡过了这个困难后，紧接着是1961年粮食定量有所降低。我们会战队伍体力消耗的确很大，因为当时住得也不合适，劳动强度也大，职工的体质跟不上。我们这个时候就发动职工，在草原上千方百计搞了几十万斤代食品。草原上吃的东西可多哩！就挖嘛，搞了几百万斤野菜，度过了眼前的困难。最根本的是发动群众开荒种地，从1961年开荒种地起，到现在每年垦荒面积都在扩大。目前蔬菜能够自给，自己收打的粮食，可以充足地补助定量，生活上的困难也就度过了。

我们油田的工人、知识分子，还有每年毕业的大专学生，他们讲：我们没有参加过二万五千里长征，没有参加过抗日战争和解放战争，也没抗美援朝过，现在到大庆参加了会战，也艰苦奋斗一番，总觉得心里有点安慰，有点光荣。大学生、知识分子他们有这样的感觉，还是一个很大锻炼哩！

从工作条件上讲，会战一开始，也确实是比较艰苦的。当时有几十台大型钻机，要在草原上摆开。但是，那个时候设备到的也不齐全，有的东西不配套。特别是汽车、吊车很不足。按当时大批大型钻机展开工作计算，需要2000多台各种载重卡车和工程车辆，可那个时候只有500来台，四分之一的样子。那怎么办呢？我们就发动群众，用人拉肩扛，加上滚杠，就把几万吨东西从火车上卸下来。五六十吨重的钻机也是用人拉肩扛，加上滚杠，拖几公里，到井场上安装起来。

钻机安起来了，供水设备到不了，怎么办？人们就用洗脸盆子、大水桶，一切"武器"都上阵，从附近的水泡子里打水，一打就是几十吨，就像我们十三陵修水库搬运石头那样，人排成一条龙，进行传递。就这样也保证了开钻。在这样的艰苦环境里头，英雄就多了。那个时候，我们有个钻井队长，叫王进喜。他是甘肃人，原来一直在玉门当工人。他小的时候放过羊，当过叫花子，出身是很穷苦的。在玉门起先是当小工，后来当了钻井工人，解放以后当了钻井队长，一直是个劳动模范。这次调他到大庆会战的时候，他一出马就不一样。他们从玉门到大庆，下了火车，不问有房子没有，生活怎么安排，头一个就问要他打哪一口井？工地在哪里？他们马上就去看工地，侦察路线，看钻机怎样运到工地。当钻机一到，他就带领工人用人拉肩扛，把钻机卸下来。他们卸得快，拖走得快，安装也快。钻机安装起来以后，开钻要水，但没有供水设备，他们就拿洗脸盆子排成一条龙来传，从500米远的水泡子，端了50多吨水，保证钻机开钻，而且打得很好。从他们下了火车一直到这个井打完，半个来月的时间，根本没有见过房子，连个帐篷也没有，就是这样一口气干下去。当时地方政府发动老乡给他们送开水，附近牛场里面有个老大娘，一看很受感动，见了领导就说，你们那个王队长真是个"铁人"哪！你们可得劝他回来，叫他休息呀！这个名字，就是这个老大娘给他起的。这个"王铁人"，从玉门到大庆一直保持英雄本色。现在，我们已提升他做了钻井大队长。

我们就是在这样艰苦的环境里，三年来，一个苦战接一个苦战，而同样的，也是一个胜利接一个胜利。三年如一日，干了大量的工作。人们这样的一股劲头是什么力量支持着呢？我们觉得，是几万人的革命精神。这个会战队伍，一到大庆，就下了一个决心：一定要使我们的祖国有足够的石油，一定要甩掉石油工业落后的帽子。那个时候，我们的石油与各个部门来比，还是个最落后的部门，甩掉石油工业落后帽子的口号，在工人里头很响亮。工人们说:"要把石油落后的帽子甩到太平洋里,永远回不来",硬是有这个雄心壮志。由于有这样一个决心,几万人抱成一团,那就什么困难也挡不住。有了这样一股劲头和这种革命精神,人们就会斗志昂扬,精神焕发,干劲冲天。

那么,这种革命精神是怎么样培养起来的呢?我们在会战初期条件比较差,困难也比较多,矛盾百出的情况下,为了解决困难,首先就强调全体职工学习毛主席的著作。我们一次就买了5万多本《矛盾论》和《实践论》,人手一册,大家读。干部读,工程师读,工人也读。所以,现在工人们就讲:"我们的会战是靠'两论'起家的。"的确,"两论"在人们的思想认识和思想方法上,给了很大的启发。现在读《毛泽东选集》就更广泛了。一句话,就是以毛主席的思想来教育我们的职工,并且要尽我们的水平,把主席的思想和我们的生产实践结合起来。也就是说要具体地运用主席思想来解决我们工作当中的问题;用主席的思想来观察问题、分析问题、研究问题和解决问题。我们这样坚持了,日久天长,确实见到了很好的效果。我举一些例子。比如,我们过去技术干部对油田的情况搞不清楚的时候,他就是去翻书来抄。他就是这样一条办法,再没有别的办法。结果抄来抄去,稀里糊涂,越搞越不清楚。他们学习了主席著作以后,不同了,起了变化。现在是按照主席的教导,从实际出发,大搞调查研究,狠抓第一性资料,把原始资料搞得齐全准确。这样,就可以把油田地下情况搞得清清楚楚,而且要比抄书搞得清楚得多。再比如,我们在科学技术面前遇到了难题,就不是望而生畏、半途而废了,而是按主席教导的破除迷信,解放思想,反复试验,大胆创造。这样就有雄心壮志,敢于和国际水平去较量,也就有勇气攀登世界科学技术高峰。如油井下面的封隔器也好,或者输送高含蜡、高凝固点原油也好,这些技术就闯出来了。再比如,我们在油田建设上,当任务重、时间紧,人力、物力、财力不足的时候,人们就不像过去那样,分兵把口,分散力量,而是按照主席教导的那样,用集中优势兵力打歼灭战的办法,确保重点,集中力量来干,一个仗一个仗地来打。这样,也就一个胜利接着一个胜利。又比如,我们在生产管理上,由于油田发展得很快,千头万绪、矛盾百出,生产管理出了问题的时候,人们也就不像过去那个样,头痛医头,脚痛医脚,抓了这个丢了那个,而是本着主席教导的去分析矛盾,透过现象抓问题的本质,认识问题的实质,懂得去抓主要矛盾,也就是说会抓住关键。这样,就搞出了生产管理上的岗位责任制,把生产上千千万万的具体工作和成千上万的人,具体地组织起来,落实到每个人的身上,就把生产秩序建立起来了。在生活上遇到了困难的时候,人们就不像以往那样愁眉苦脸,向外伸手,而是按照主席教导的自己动手,丰衣足食,学习南泥湾精神,大搞农副业生产,克服了困难,改善了生活,促进了生产。

由于我们经常地坚持学习主席著作,反复不断地去实践,主席思想就深入人心。会战队伍的精神面貌确实起了大变化,革命精神大大发扬起来了。现在,在我们会战的队伍里头,形成了几股很好的风气。

第一个好风气,是热爱国家、热爱党、热爱集体荣誉、热爱石油事业成风。比如,这次人大发表了公报,上面讲到我国石油已经基本自给,这对会战队伍的鼓舞是非常大的。工人们非常自豪地说:"我们一到大庆,迎接我们的就是困难,但我们有志气,有革命精神,我们战胜了困难,换来了石油基本自给,现在全国人民都知道了。今后,我们要把工作搞得更好,不但要把自己献给石油工业,还要把自己的孩子也献给石油工业。"

第二个好风气,就是这个队伍逐渐形成了一个艰苦奋斗的风气。他们不怕困难、不怕苦、不怕累,哪里最艰苦,哪里有危险,就往哪里上,抢挑重担子,坚决顽强,能打硬仗。真有点解放军的味道,总是抢硬仗打。比如,我们有个1202钻井队,一直是我们标兵钻井队,它3年共打了10万多米,89口井。这一个井队打的井,比旧中国40多年打的还要多得多。他们树了个雄心壮志,一定要超过苏联的国家功勋钻井队。这个井队叫格林尼亚钻井队,1960年用十一个半月打了31300米。这个消息传到了我们的钻井队伍里,1202队硬要"超功勋"。结果,他们在1961年只用了九个半月的时间打了31746米,时间比他少二个月,硬超过了他。邓小平总书记曾去视察过这个队。他们向总书记汇报说:"我们要超功勋。"总书记鼓励他们,嘱咐说:"你们要注意劳逸结合。"

第三个好风气，是爱护国家财产，以勤俭为荣，以浪费为耻，勤俭节约，也在这支队伍里形成了风气。比如，国家给我们调拨了电子计算机用的电子管，派地质研究所的技术员甘克喻来北京提货，他出发的时候，就带了一床棉被，把领来的电子管用棉被包起来。他还怕被震坏，于是从北京坐车一直拿手抱着回去。到了大庆后，走了四十来华里一直抱着走回单位，很负责任。这种例子非常多。

第四个好风气，就是在工程技术人员里头，解放思想，破除迷信，尊重科学，重视调查研究，现在也逐步地培养成风了。例如，我们有个采油研究站，为了试验井下多级封隔器，全站 70 多个技术干部，在总工程师刘文章同志的领导下，他们前后做过 1018 次的试验，最后终于搞成功了，搞得很完善。我们设计院有个技术员叫蔡升，他为了解决向火车上装原油，到底需要多高温度的问题，就选择最冷的天气，坐上拉原油的油罐车，先后跑了五趟，每趟是五天六黑夜，坐的是守车，没有炉火，还要每小时出来测一次温度，测一次风的流速，带的窝窝头，都冻成了冰块。就是这样地干，前后取得了 800 多个数据，最后做出了正确的设计。这种调查研究的作风，已成为技术干部的普遍作风。

第五个好风气，就是干部爱护工人，工人尊重干部，同志之间发扬阶级友爱，亲密无间，团结互助成风。比如我们采油三矿四队队长辛玉和同志，他这个队来了新工人，房子不够住，床铺也不够用，队长、指导员就把床铺让出来，自己在地上铺草，睡地铺，而把床铺让给新工人。他们就这样住了一个多月，把工人感动得不得了。又如，我们钻井指挥部党委书记王英炯同志，今年雨季的时候，带着几十个机关干部，帮助家属修了 80 多间房子，这对家属感动很大。他们说："在旧社会从来是工人伺候当官的，现在是干部帮我们修房子，心里实在过意不去。"家属有这种心情，工人的干劲也就越来越大。

第六个好风气，是在这个队伍里，比学赶帮，争当"五好"，不甘落后，也形成了一个风气。就是一有任务，摩拳擦掌，争先恐后，你追我赶，说到就要办到，要干就要干得漂亮，事情没有办到就坐卧不安，吃不下饭，睡不着觉。比如，我们有个专门取岩心的3249钻井队，他们的一个班长叫方荣华。他这个班的任务是8小时从地底下取上6米的岩心，到了快下班时，拿上来的岩心还差1.5米，岩心收获率不够。班长一看任务没有完成，掉泪了。工人就对班长说："没有关系，不下班，接着下钻，我们一定要把没有拿上来的岩心拿上来。"他们就第二次下钻，二次下钻以后，还是没有全拿上来，还差一些。这个班的人就说："决不下班，再下钻"，而且下了个狠心，在6米之外再多拿上来一点。第三次下钻，不但把6米补上，还多拿了几十厘米，一口气干了20多小时。队长曾下命令，要他们回去休息，但他们不走，指导员也没有别的办法，就只好送馒头，夜间送饺子慰问他们。但这个班长一口也没有吃，说吃不下去。就是有这股劲，硬是要把这个任务完成。

第七个好风气，是队伍里人人坚守岗位，埋头苦干，不马虎，不凑合，严肃认真，成了风气。自从我们建立岗位责任制以来，从干部到工人，人人形成这么个习惯。如有个采油工人叫胡玉双，有一天他正在清蜡，暴风雨来了，本来可以到值班房躲避一下，但是，他硬是守在岗位上，一个劲儿干工作。在倾盆大雨下，一连干了两个钟头，一直到把蜡清完了，才下来。工人们现在都有这么一股劲，到了岗位上就和解放军哨兵一样，就定死了，没有命令绝不离开。一个队伍好风气成了风，那就了不得。当然，没有好风气，那就必然有个相反的风气，就要有坏风气，一个队伍坏事成了风，也会不得了。我们这个队伍能信得过，敢交给他办事情，做出来的事也靠得住。这样，领导就比较好办事，就主动。

总括起来说，从这几年的实际工作中我们深深体验到，一个现代化的企业，必须首先要讲革命化。因为我们是一个社会主义的企业，如果我们离开了革命化的道路，我们和资本主义的企业来比较，除了所有制的不同以外，就没有别的差别了。我们和他们所以不同，就是我们有马克思列宁主义，有毛主席思想，有革命精神。有了这个，我们就可以比他强。只要一个企业，讲究革命精神，而且革命精神得到充分发扬，这个企业生命力就强，生产、基本建设都会蓬勃发展。如果再加上先进的技术装备，就会如虎添翼，威力更大。因此，我们这几年深深体会到，对一个企业的领导人来说，他最重要的责任是什么？就是要不间断地提高队伍的思想觉悟，就是要用毛主席的思想来教育职工，引导人们走上革命化的道路。

1956年毛主席找石油部去汇报，我也参加了。那个时候石油工业刚刚起步，主席听了汇报以后，讲了一句话，我永远忘不了这句话。主席说，看起来要把石油工业搞上去，还得革命加拼命。这个话，我们要永远记住！1958年、1959年期间，由于我们工作水平所限，也犯过瞎指挥的错误，也犯过一些不讲究科学的错误，碰了一些钉子。不过，我们深深感到，碰了钉子，吃了苦头，就有了经验。我们把这些经验运用到大庆石油会战中，就取得了很好的效果。

我们说，经过这个会战的锻炼，实际斗争的考验，对革命精神有了更深入的体会了。我们清楚地看到，大庆石油会战不仅是依靠了一些现代化的设备、现代的技术打下来的；而且，更重要的是我们自始至终坚持学习了毛泽东思想；自始至终按照辩证唯物主义观点办事；自始至终发扬了艰苦奋斗、勤俭建国、自力更生、奋发图强的革命精神的结果。

狠抓第一性资料，坚持严格的科学精神

这个第一性，就是毛主席在《实践论》上讲的第一性知识，也可以说就是感性的知识。

这几年，我们搞工业的经验，概括起来，就是要把人们的革命干劲和科学精神结合起来。就是说，把人们的革命干劲引导到搞科学、按科学规律办事。

我们搞工业的是和自然打仗，在科学技术面前，我们只能是老老实实甘当小学生，不断探索了解客观事物的规律。而要了解客观事物的规律，最重要的是，必须占有第一性资料。所以说，人们重视还是不重视第一性资料，是人们尊重或不尊重科学的分界线。要尊重科学，就不能忽视第一性资料。如果不重视第一性资料，不做调查研究，就没有发言权。我们搞石油的斗争

对象是油层,这个东西深埋地下,确实是不能直接观察它,摸也摸不着,看也看不见。可是,我们要想把生产搞得好,首先就要对油层情况有个清楚的了解。过去,我们曾经在玉门和克拉玛依油田以及四川等地方,由于当时对第一性资料重视不够,吃了不少的苦头。比如说,克拉玛依油田也是世界上比较大的油田之一,可是一直对油层认识不清。原来总以为地下油层是很均匀的,一层一层的,后来重新打井,取出岩心一看,完全不是那个样子,地下是堆积了很厚的砾石,油就存在石缝中。1958年,我们在川中南充一带,钻探见到了油,地下情况还未了解,仅是二三口井出了油,就急急忙忙地做了结论,说大油田到手了,这话说得太早了。在四川,我们也是搞得很凶的,两年一口气打了300多口井,当时想"一锄头挖个金娃娃出来",结果是金娃娃未挖到手,碰了个大钉子。这类事给了我们很大的教训。我们就得了一个经验,即在地下石油没有拿到手以前,你趁早不要说大话。一口井出油,不等于说找到了一个油田;一时的高产,更不等于能长期高产。我们就得到了这么两句话的教训。这很有用处,这就变成了我们的财富了。到1960年大庆油田一上手,我们就再三强调要把油层情况搞清,狠抓第一性资料,作为我们压倒一切的任务。把人们的冲天干劲发挥到取第一性资料上去。正是因为这样,这一次在大庆,不但是把油田拿到了,而且在勘探过程中,就把油层情况一步一步地搞清楚了。这叫作一步一个脚印,步步落实。这样,这个油田拿下来就比较顺利。我们为了把油层情况搞清楚,规定每打一口井,都必须要取得20项资料、72个数据,一点不能少,一个不能错。这个规定对工程技术干部来说是个很大的推动。当然,地质家是非常拥护的,因为他们是很愿意得到这些科学数据的。这对地质家、科学家撑腰可大哩!所以,他们的劲头也就来了。油田的资料也就搞得好、搞得准,做了大量的工作。现在这个油田打了1116口井,共取了11400米岩心,井壁取岩心14500多颗,每口油井都用电法测井15~18条曲线,总共测过28800多条曲线。测量油层的原始压力9480多个井次,前后共测量流动压力36568个井次,这都是第一性资料。对这些资料,我们做过55万多个岩石样品的分析,进行过160多万次的分析化验。把这些分析化验资料综合起来,我们搞过1744万次地层对比。就是通过一口井一口井油层的对比，看油层是不是连通，性质有没有变化，一个数据一个数据地进行对比。这是个很艰苦的工作，共有800多个技术干部干这件事情，他们经常干到深夜。由于我们占有了大量的资料，大量的数据，搞了大量的试验，做了严格的分析研究，对油层的情况了解得就比较清楚。弄清楚了大庆油田地下有45个油层和这些油层相互之间的差别。当然，油层多是好事，可是在开采技术上，也是一个大麻烦。因为油层多，一个油层和一个油层又不一样，将来怎么能最大限度把每个油层里的油拿出来，是工艺上很大的一个难题。我们不仅弄清了有多少油层，而且每个层是个啥样子，也基本上清楚了。各个井在地下的连通情况怎样，也搞得比较清楚了。至于我们在开采中，注入油层里的水怎样流动，注了水后油层里起什么变化，以及一口井什么时候会被水淹等一系列的问题，也能够计算得比较准确了。例如，我们在生产试验区里，把水注进去，观察水流动的速度有多大，现在有28口油井出水了，被注入的水淹了，这和地质家在事先计算出的水淹时间只相差不到20天。和地底下油水"捉迷藏"，是够准确的了，为开发油田打下了科学的基础。这样，今后的生产就会处于一个主动的地位。也就是说，不会说瞎话了，或者顶多有时说话的程度不够准确，但不会差得太远。

再例如，建设炼油厂，开工之前，我们就下了决心，一定要建好，一定要做到一次成功。因为这个炼油厂完全是我们中国自己设计，绝大部分设备也是中国自己制造，而又是自己施工的。如果头一炮打不响，问题就多了。为了要做到一次成功，我们就把这个决心反复给职工讲，这个雄心壮志，就变成了政治力量，动员起了群众。但是，工作必须落实在科学的基础上。我们从开始设计，从每一张图纸，一直到施工的每一个工序上，都要求十分严格，狠抓质量，一点不马虎。如果设计上错了，哪怕基础已经搞好，我们也挖掉重来，硬是下这个本钱，严格要求，一丝不苟。设计图纸不准有一点错，施工当中不准有一点质量不合格，一点一点地抠，一步一步地抠。这样抠是不是慢了呢？一点没有慢，反而在施工中步步落实，都是一次成功。从基础一次成功，到上面安装，不管一个螺栓、一个阀门、一条管线，都必须绝对合格，焊接要合格，绝缘要合格，防腐要合格，保温要合格，处处落实，结果是快了，质量又好。到今年9月，第一期工程已建成，本来应该投产，我们硬是没有马上投产，而有意识停了一个月，彻底来个大检查，不准工程质量上有一点漏洞。所以质量上没有问题，因为工夫下到了。同时在投产以前，组织职工像解放军那样大练兵、大演习。怎么练、怎么演习呢？首先把工人的岗位确定了，第一步就搞岗位练兵。岗位练兵是从单机练兵到合成练兵，一直练到每个人的动作绝对符合操作规程。硬是进行考核，工程师在那里看，合格签字，不合格重练。一个动作一个动作地练，一个人一个人地练，一个部分一个部分地练。经过岗位练兵，单机运转以后，然后进入到协同动作、联合运转大演习。因为，这个炼油厂规模很大，全部开动起来，必须是一个整体的、有机的结构，人们的动作必须是协同动作。这样的演习共进行过四次，使人们的动作在投产以前都合乎标准。协同动作很熟练了，才开始进油正式投产。10月20日正式进油，虽然是个全新的炼油厂，但就和老厂一样，一进油，温度、压力逐步升高，它就汽油、柴油、煤油都出来了。这个一次成功，怎么来的，就是一切细节都卡死了，它就能做到这一点。本来新装置、新设备，尤其是高压、高温的炼油厂，各种结构上总是热胀冷缩，过去就有人说炼油厂投产没有不出事故的。可是，我们这次硬是做到了进油不出问题，因为在事先把这些隐患都消灭掉了。总之，工作必须是科学的、扎扎实实的，就是实干。我们认为，鼓干劲有两种鼓法，一种是鼓虚劲，一种是鼓实劲。我看我们还是要多鼓点实劲，少鼓点虚劲，事情就会办牢靠了。

认真做好基础工作，狠抓基层建设

要办好一个企业，我们觉得必须把基础打得牢牢靠靠，扎扎实实。这个问题，我们也接受了以往的教训。要搞好一个企业，不能光搞轰轰烈烈，还必须把力气使在打基础上。光图热闹，赶时髦，搞花样，结果回头一看，是漂浮的。

搞花花哨哨不行。以往我们制度也不少，但是过不了硬。当时，看起来似乎还有点味道，过些时候味道就不大了。因此，在会战中，我们下了决心要把基础工作做好，把工作做到井口上，做到工地上，做到基层单位里去，把基础打牢靠。只有这样，生产才稳当，队伍才拖不烂，打不垮。从这几年的搞法来看，要搞好一个油田，必须要抓好哪几个方面呢？我们体会有如下六个方面。

第一，要时时刻刻注意掌握油层动态。我们是开采油矿的，油层是在地底下，它在生产过程中起什么变化，必须时刻了解掌握，搞生产才能主动，搞计划才能准确，制定生产措施才有依据。如果油层情况有变动，自己都不知道，那么生产计划也好，措施也好，就都失去了依据，必然做被动的事情。那么怎么掌握油层变化情况呢？就是靠在日常生产中大抓第一性资料，尤其是班班观测，班班记录，天天分析，日积月累就可以看出它的规律来。

第二，基本建设的工程质量，必须是优质的、头等的。这对油田和炼油厂来说，则更为重要。油田上的油井是个命根子。所以每打一口油井，必须严格要求质量，因为一口油井生产几十年，质量不好，给生产上遗留的祸根很多。过去，我们也有过很多教训。如在克拉玛依油田，曾经打过一批井，质量不大好，到现在还有几十口井在那里放着，投不了产。所以，我们从会战开始以来，对质量采取了严肃的态度，严格的要求。在油田建设中，不论是铺设管道，不论是建设泵站，都要求质量好，焊接都要牢靠，防腐绝缘工作做得合格。关于质量问题，我们是有过斗争的。这中间有种种坏的习惯，对质量不大重视。所以从会战开始以来，部党组为了质量问题，是每会必讲，每件事情都要检查，每一星期都要通过电话会议，讲一次质量问题。光提醒人们注意还不够，还必须严肃对待。如会战刚开始，有一口井在打井过程中，因为工程师没有注意，资料没有搞全搞准，我们就抓住这个事情不放，开了半个多月会，讲道理，批评这种现象，而且把那个工程师撤职，狠狠地整顿了一下。这个工程师经过了教育，后来工作又搞得很好，又复了他的职。所以，在我们会战队伍里的地质技术人员有一个纪念日，每年到"4月19日"就开纪念会，以便牢记这个问题。我们的油田建设队伍也有个纪念日"12月1日",也是因为有些工程质量搞得不好,进行了批评。这样做有好处,要人们牢牢记住。我们深深地感到,质量问题是人们的党性问题,对质量不负责任,那就是对党不负责任,那就是对我们的社会主义事业不负责任。质量问题不完全是个技术问题,也并不完全是个客观条件。当然,原材料有时有点关系,但是只要代用得合乎规格,也可以保证质量。所以在设计范围内,在一定的物质基础条件之下,质量是可以搞得合乎规格的。质量所以搞不好,主要是人们的责任心问题。尤其是领导干部对质量的态度问题。对质量不负责任的人,就是党性不强的表现。共产主义风格是把困难自己担起来,把方便让给别人。而搞基本建设不讲究质量的人,恰巧相反,他是把方便统统占了,而把困难留给别人,留给生产的人。

在我们领导干部中间,要树立质量第一的思想,要坚定不移。同时,为了保证质量,我们采取了如下一些有效措施。

(1) 保证质量首先决定于设计的好坏。

我们在会战中,设计院就驻在工地,并且在设计前做周密的调查研究,设计出来的东西,必须做"三结合"的审查。我们的"三结合"有两套,即设计、施工和供料的"三结合"审查,再一个是技术干部、领导和工人"三结合"审查,两套"三结合"合在一块来审查设计。在施工中,设计人员要跟着工人走,设计人员必须住在工地上,一个图纸一个图纸地向工人交底。一旦发现不确当的地方,就要立即研究改正。工人在知道了图纸的全部意图之后,他在施工中即使发现设计有缺点,他会想出办法来弥补,可以发挥主动性。这是我们保证质量最过硬的一手。

(2) 根据设计要求,合理地选择原材料。

施工所用的原材料,必须经过分析化验。水泥也好,钢材也好,都必须经过分析化验,不合格的不准使用。如果要代用的话,必须事先经过反复试验,证明其性质良好,合乎设计要求,不会影响质量的时候,才准代用。这个必须卡死,松不得口。一松口,就会有人强调困难,随便代用,就会出麻烦。

(3) 在施工工地上,实行以质量为中心的岗位责任制。

在岗位责任制中有一条规定,叫作"五不准施工",在五种情况下,工人有权利拒绝施工。"五不准施工"就是:①任务不清,情况不明,施工图纸不清楚,不施工。②质量规格标准和技术措施规定得不清楚,不施工。③备料不合要求、施工必需的基本条件没有准备好,不施工。④施工的设备仪表不齐全、不完好,不施工。⑤上道工序质量不合格,下一道工序不施工。我们的岗位责任制中还规定,下一道工序的工人验收上一道工序。例如,砌墙的工人来验收基础的质量,如果认为基础的质量不合格,砌墙的工人就拒绝砌墙,必须由搞基础的工人返工。这样,对质量有很大的帮助。这正是党给工人的民主权利。

(4)万一工程质量不合格时,必须坚决推倒重来,决不马虎凑合。

会战开头两年,确实推倒了不少东西。我们打的油井1000多米深,已经把钢管都下进去了,不合格,硬是下命令把钢管拔出来。有的时候拔不出来,这个井宁肯报废,也不迁就。这样的井,我们报废了两口。当然,报废一口井不是随随便便就算了,报废一口井,推倒了一个工程,要召开一万人的大会,认真地进行教育。群众和各级干部就看你领导是什么态度,他们看你态度坚决,非报废不行,非推倒不行,你再开上个大会,他们就会觉得这可不能含糊,凑合不过去,人们的风气就转过来了。推倒重来,我们是干过,可是以后,推倒重来的事就少了,逐步地发展到1962年、1963年的一次成功,不返工。事实说明,没有当初推倒重来的决心,就没有今天的一次成功。

(5)我们在基本建设施工过程中,实行"五到现场"。

"五到现场"就是:设计工作要到现场,供应工作要到现场,施工指挥要到现场,政治工作要到现场,生活管理要到现场。这是保证质量也是保证施工速度的一个根本措施。

影响油井质量最主要的有三个地方:第一关是井的斜度,如打1000米深的井,如果打得笔直,它的质量就容易好,因为钢管容易顺当地下去,而且易于下到井的中心,最后拿水泥固井的时候,就容易搞好,井的寿命也长。如果井打得斜度很大,一面斜还好办,如果打成歪歪扭扭的"狗腿子"，就没有办法。我们现在井的斜度是要求1000米的井不超过3度，今年已经做到了。第二关是油井下钢管后灌水泥固井，用300多大气压的泵，憋进地层和钢管的环形空间，如搞不好，就会打穿，将来非漏不行，我们现在合格率已达98.4%。第三关是打开油层，打开油层的准确度很不易瞄准，当电缆把火焰喷射器放下去时，电缆在不同的温度、不同的深度之下，其伸缩系数很不一样。千分之一的误差，就差一米，油层又多，误差千分之一就错过了。所以，这个问题很不好解决。最近，我们搞了一个在世界上也是比较新的技术，工程师们利用接箍磁性反应探测，在火焰喷射器上面加一个磁性定位器，就可使火焰喷射器每下过一个接箍，它的磁性就表现一次，等于是炮弹说了话。所以，现在我们准确度大了。

我们就是卡这三个关键，把井打直、固井牢靠、射孔准确。做到这三件事，措施上是要做一系列的规定，最根本的是从最原始的动作起，钻机安得要笔直，从40多米高的井架到1000多米的地下为止，必须是垂直的一根线。这个精确度，一般说很不容易，所以钻机的安装必须平、稳、直、准。现在，我们都是拿罗盘定，用经纬仪找中心。影响井斜的还有一个就是钻头的选择，打到什么地层要用什么性质的钻头，特别是钻压要调节好，不然，软的地方压弯了，硬的地方又顶回来了，容易打成"狗腿子"。所以从钻具的配合，一直到工人操作都要做具体规定，才能把一口井打直。

第三，搞好技术练兵。技术练兵就是训练好工人的技术，要练好一套真本领、硬功夫。我们这一套训练，就是学解放军练兵，我们叫岗位练兵。从生产需要出发，贯彻学用一致，少而精的原则，坚持做什么、学什么，缺什么、补什么，力求实效，促进生产。岗位练兵必须是勤学苦练，我们叫作练"四过硬"：一是在机器上过得硬，熟悉机器性能，和战士要熟悉大炮、机关枪一样，要会维护、保养，会排除一定的故障。二是练操作上过得硬，动作熟练、精确，协同动作好。在现代化企业中，练兵最重要的一个内容是练协同动作，因为我们任何一个生产过程，都是许多机器构成的，操作上必须是协同动作好。三是练质量过得硬，干活要正正规规，合乎质量规格标准，要正规化。四是练复杂情况面前过得硬，否则有时就容易出事故。这和部队练兵一样，加上各种地形复杂条件，练怎样接近敌人。在我们工业生产里面，就是要练有安全知识，能判断、预防和处理一些事故。我们练"四过硬"，坚持天天练，在岗位上随时随地练，练硬功夫。比如我们采油工人练兵，主要是练操作井口阀门。怎样练呢？就是要和解放军一样，要练到把眼睛蒙住拆装阀门，进行比赛。有些小伙子黑夜熄了灯还不睡，搬一个阀门放在床底下，趴在床上拆开装起、装起拆开地练。还有，我们仓库里的管料工人，不仅把他管的几百种、几万件料记熟，在什么地方放的记清，还在夜间把仓库灯关了，说我要什么料，提出单子来，几分钟内，靠摸黑就把料拿出来。这样锻炼就有了硬功夫，就是遇到意外情况，也能保证质量和安全。

第四，把设备管好。现代化企业，设备是物质基础，是生产手段，人操作机器，有技术，有原料就可以出产品。所以在现代化企业里，必须精心管理设备，做到台台完好。现代化企业，如果不注意设备，不去管好设备，拿军队来作比方，就等于自动放下武器。在会战中，因为生产紧张，设备出力比较大。但是，由于这几年我们狠抓了设备，设备情况还是比较好的。现在会战地区常用设备有 3900 多台，其中完好率达 87%。油田上固定设备少，多数是开上走的机械设备，达到 87% 的完好率，不算很低。当然，还需要继续提高。我们对管理设备有些什么办法呢？我们采取过这样一些措施：

一是不断向旧的、不好的习惯势力做斗争。坏的习惯势力是什么？就是在使用机器设备上"不拘小节"，吊儿郎当。丢个螺栓，润滑油不合规格，根本不在乎，用上就算了。油料不讲究清洁，水也不讲究清洁。机器出大毛病，往往是从小地方引起的。这几年，我们狠抓了这些问题。这种怪毛病，就是因为平时对设备管理要求不严，设备已经有了毛病，又怕完不成任务，便带病运转，叫作"驴不死不下驴"。其实，这不是工人的毛病，是领导上的毛病。我们除了靠平时教育，靠检查以外，还用了一种贴封条的办法，就是把机械工程师、技术员、老技师、老工人组织起来，到处查机器，机器上缺了螺栓，就贴上封条，不准你动。特别是卡车，沿路检查，油料不合格，水不合格，干脆就贴上封条，停在那儿，不准动。其实这些问题很容易解决，只要人们注意起来，举手之劳，就可以解决。和习惯势力做斗争，是我们管好设备的一个大问题。

二是实行定人、定机、定岗位,谁用、谁管、谁保养。操作工必须学会保养,使职工人人关心爱护设备。单人操作的,比如卡车,就是司机一人开;还有一班操作的,就实行专人专机制;三班操作的设备,几个人共同操作的设备,就设一个"机长",非经批准,不准随便乱更换。这样就有人操心机器了,机长负责督促,大家来管好设备。

三是实行定期强制保养制。机器必须保养,而且必须强制保养。比如规定机器运转2000小时,不管好用不好用,都要停下来强制保养。保养时应解体检查,如果零件、部件都很好,就擦洗一下,也会延长使用时间。这个我们是从飞机场学来的,只要飞机一落地,地勤人员就给你强制保养。铁路上保养机车也很严,我们学了之后,就用在我们管理钻机、采油设备以及炼油厂设备上,很有效果。

四是要确保检修的质量。检修时,对机器、设备必须进行解体检查,特别要重视把机器的"内脏"搞得规格、完整、灵光。

五是要狠抓操作。操作要十分严格,必须按照操作规程办事,这样才可以保持设备经常完好,生产上就主动。

第五,建立基层生产岗位责任制。基层生产岗位责任制是生产管理的根本制度。几年来,我们反复研究了这个问题。我们这个油田,在1961年,主要是勘探和生产试验,到了1962年进行了大规模的生产建设。这个时候,生产规模发展得很快。大规模建设一开始,差不多每天有油井投产,隔几天又有泵站投产,生产管理上千头万绪,相当复杂。当时,我们生产管理没有跟上,于是问题就多了,出了一些事故。为此,我们就把一些领导干部放下去,跟班劳动、跟班调查、跟班写实,描写工人究竟是在怎么做,问题为什么存在,进行了一番调查研究。从调查回来的大量事实看,工人的积极性很高,工人都想把生产管好,基层干部也累得要死,东跑西抓,但是问题解决不了,生产还管不好。所以那个时候,基层干部有个反映,叫作"天天抓问题,问题越抓越多""抓大问题、关键问题,可是问题越抓越大"。这是什么道理?经过反复调查,大家总结出一条道理,我们生产管不好的根本原因是：一方面，日常生产中大量的、常见的、千千万万的具体事情需要人来管；另一方面，我们也有成千上万的工人，积极性很高，想把事情管好，但这两个方面没有结合起来，关系没有固定下来。工人想管好生产，但没有门路，就是这么一个矛盾。根据对情况的分析，得出一条结论，要想搞好生产，必须把成千上万的事情和工人的关系固定起来。用什么办法呢？要学战士站岗放哨的办法。我们把每个生产岗位和每个岗位上的人，都提出个岗位责任制。这样一搞，效果很好，生产局面很快就转过来了。我们以往搞过很多制度，搞过计划管理、定额管理、一定的奖励制度、经济核算制度等。这些制度都很重要，都要有。但是，从我们自己体验下来，岗位责任制是更根本的东西。有了过硬的岗位责任制，在这个基础上，计划管理、定额管理、经济核算，就容易落实，就能过硬。如果岗位上的工人吊儿郎当不注意，夜班睡了觉，没有不出事故的。不是质量事故，就是人身、火灾等别的事故。所以，训练队伍，首先要把工人训练得像人民解放军站岗放哨一样认真。

我们的岗位责任制包括六个内容：岗位专责制、巡回检查制、交接班制、设备维护保养制、质量检验负责制、班级经济核算制。把这六个制度捆在一起，组成岗位责任制。其中岗位专责制是个核心，交接班制是个关键。因为所有六个方面的问题，最后集中在交接班制上。我们把交接班制规定为"七不交接"。下一班接上一班的时候，上一班要七个方面交代清楚，下一班如果有一个方面不清楚，可以不接班。"七不交接"就是任务交代得不清不交接；质量要求和措施不明不交接；设备保管得不好，工具、设备配件缺少损坏不交接；安全设备不正常不交接；工作场所不清洁，有漏油、漏气、漏水、漏火、漏电不交接；原始资料不全、不准不交接；上一班为下一班必须做好准备工作，做得不好不交接。

这个制度，我们开始实行的时候也很乱。过去有个老习惯，"张师傅、王师傅，咱俩挺相好，为啥这样认真呢？"严格不起来。过去，工厂里的交接班情况很马虎，有马路交接的，有宿舍交班的，有的打个招呼就完了的，有澡堂子里交班的，也有的干脆不交的。什么都有，很不严肃。我们狠狠地整顿了一下，必须严格交接，而且首先卡住上一班未作好，下一班不准接班。你接了班，不管发生任何问题，你就得负全部责任。我们以往的交接班不严，失了火，出了事，追来追去追不出道理来，推来推去成了无头案。现在不行了，上班未搞好，下班不接。所以，现在的交接严格极了，而且下一班要给上一班评分。

我们生产中的大量事情，等于每天有几万人进行了检查，每交接一次班，等于全油田检查了一遍，这是光靠干部跑断腿也做不到的事。所以，井上没有油污，井下没落物，就是靠这样做到的。

归根到底来说，岗位责任制要想执行得好，决定于工人的主人翁态度，决定于高度的责任心，这是个灵魂。要是没责任心，制度就成了一个没有生命力的东西。责任心则来源于思想教育，来自一整套的思想政治工作。为了更有效地调动职工的积极性，充分地发扬民主是很重要的。所以，我们在岗位责任制中，规定了岗位上的工人有五大职权：（1）工人在生产岗位上时应严守岗位，如果没有胜任的操作人员代替时，不管命令来自哪里，值班工人可以拒绝执行离开岗位的命令。（2）岗位工人有权阻止非本岗位人员动用本岗位各种物品，并拒绝没有操作合格证或实习证的人操作自己所管的设备。（3）岗位工人必须搞好设备维护保养工作，并严格执行定期检修制，如上级命令越期继续进行操作，岗位工人可以拒绝接受。（4）岗位工人发现生产上有隐患时，要立即报告所属上级，请求紧急处理，如上级既不指示，又不处理，发展到危险的程度时，可以停止操作。（5）岗位工人在没有操作规程、没有质量标准、没有安全技术措施的情况下，可以拒绝生产或施工。我们感到，规定这些职权，体现了社会主义制度的特点，体现了工人当家做主的地位，增强了他们的主人翁责任感，充分调动了他们的积极性。

我们深深体会工人参加管理，不是光表现在搞个"三结合"，也不光表现在参加个职工代表大会，提几个提案。我觉得，工人在岗位上真正成为主人，有了权利，是体现工人参加管理的很重要的方面。因为你真正发扬了民主，他们也就能坚持原则，就能打破情面，在工作上真正负起责任来，严肃认真，一丝不苟。工人在岗位上就能把工作越做越好，好上加好。而且由于给了工人职权，就能加强自下而上的群众监督，提高了工人对领导干部的要求，有效地限制了领导上的官僚主义和瞎指挥。

第六，基础工作里最重要的一条，就是加强基层建设。我们企业的工作，最后都要落实到基层单位。对我们来说，基层就是井队、泵站、车间等。基层单位是企业的组织基础。我们工作的好坏，决定于基层单位的强弱。基层单位强，它就能够打硬仗；基层单位弱了，再有好制度、好措施也贯彻不下去，行不通。所以，我们企业的组织建设工作、政治工作、企业管理，都要集中地做到基层，加强基层。

这几年来，我们狠抓了基层建设，总的讲来，是抓了开展"五好"单位的运动。我们规定的"五好"条件是：政治思想好，生产完成好，集体作风好，技术训练好，生活管理好。

究竟建设基层、加强基层工作的核心是什么？根据我们的摸索，最重要的有下面四条。

（1）要有一个好的干部班子，其中关键人物又是三个主要干部，他们是领导核心。

一是要有个好的车间主任或井队长。在一个队里或一个车间里头，要把既是劳动模范又是生产能手的人，选拔起来当队长和车间主任。这样的干部就会以身作则，遇到复杂情况也能处理，也有威望。这样的队长、车间主任，就能冲锋陷阵，到了紧急的时候，也能顶得住，什么任务都能拿得下来。不这样，队伍就没有战斗力。这样的同志，也许会有一些缺点，例如不善于讲究方式方法，或者有些时候态度粗暴一些。想找个十全十美的人不太容易，对这样的同志，要肯定他们的优点，帮助改正缺点，使其更加全面起来。

二是必须配备一个好的政治指导员。指导员必须是立场明确，干劲大，讲原则，能团结人，分析问题有条理，并且要熟悉生产，能联系群众。在工作中要支持队长，有的时候还得给队长"擦屁股"。例如，到了生产紧要关头，队长的火起来了，可能态度不好，指导员就得做些解释工作，保证团结。我们从会战以来，就提倡这种作风。有个1206钻井队，队长是个青年，叫段兴枝，这人是火性子，哪怕是冬天，打钻的时候，他也是衣服一脱就上去了，就是方式方法有点欠妥。有一次，这个队和别的队比赛，他三天三夜没下井场，眼睛都红了，最后还是输了四个钟头。他这一输，浑身不是劲，见了钻头、钻杆踢一脚，见了指导员"摔一下"，见了工人也发脾气，反正是不对劲得不行。当时，他队里的指导员就不错，这个人叫陈懋汉，他看到这个味道不行，就先想法叫队长回去睡觉，他转回来开工人大会，向工人分析队长是个什么心情，三天三夜恶战，下了什么辛苦，取得了什么成绩；再分析一下为什么输了四个钟头，下次能不能赢回来？因为这个指导员会做工作，"擦了屁股"，队长威信还提高了，工人反而更加喜欢这个队长。如果不是这样，这个队就会闹不团结。我们抓住这个例子在指导员中加以提倡，对保证团结，起了一定作用。

三是要有个好的技术员，最好是当过工人，顶过生产岗位，能文能武，能说能做，熟悉技术。要明文规定技术员是队、车间的领导成员之一，有权协助队长指挥生产。这样，就可以充分发挥他的作用。

基层单位有这样一个领导班子，就是说，有一个能打硬仗的队长，一个能团结人的指导员，再加上一个能文能武的技术员，就会团结得好，做起工作来，也能放心。

（2）必须有一个好的党支部。

一个基层单位没有好的党支部，就不能成为一个好集体。支部建设的方面很多，这里只讲一个我们认为是最根本的问题，就是支部必须发扬革命精神。支部的作用应该是从政治上教育人，鼓舞每个人搞好生产，从政治上支持每个干部，放手去工作，努力完成生产任务。这样，支部的威信就高，成为团结的核心，发扬战斗堡垒作用，人们就心情舒畅。有了好人好事，就大家表扬，有了缺点毛病，不管是谁的，也能直率地批评。如果支部不讲革命精神，光讲谁大谁小，谁领导谁，你说了算，我说了算，陷入个人主义的泥坑，争权夺利，扯不完的皮，说不完的是非，什么事也办不好，支部就不能成为核心，发挥不了战斗堡垒作用，就不能团结群众，不论保证作用也好，领导作用也好，都根本谈不到。

发挥支部的领导作用很重要。基层单位干部之间闹关系，往往是由于集体领导和分工负责二者之间的关系摆得不对而产生的。在一个基层单位，如果没有支部的集体领导，无论是队长或指导员，要想搞好工作是不可思议的。因此，在一个基层单位，重大问题都要在支委会上讨论，实行支委会集体领导下的队长负责制。但是，支部对上级布置的任务和命令，必须全力保证执行，不能变动。在支委会集体领导下，搞好干部的分工负责，协同一致，又是十分重要的。首先要强调各有专责，把责任落实到每个人身上。队长指挥生产，负生产管理上的全部责任；指导员负责政治工作；技术员负责生产技术。明确分工，又要强调协同一致，共同负责，你中有我，我中有你。例如，基层干部轮流跟班劳动的时候，不管是谁，既要对生产负责，又要对政治思想负责。总之，有了成绩归大家，有了缺点，抢着担责任，互相团结，互相支持，一切为了搞好生产。

（3）基层单位要树立团结的风气。

对一个基层单位来说，团结是更为重要的，一定要在基层干部之间养成团结互助、阶级友爱的风气。干部爱护工人，工人尊重干部，尊师爱徒，人人以团结互助为重，教育每个成员做到有碍团结的话不说，有碍团结的事不做，队伍里头逐步养成团结的风气，那就好办了。

（4）加强基层建设。

首先企业领导机关必须面向基层，为基层服务，这是最重要的。要把工作做到基层去，不要只管在机关里忙忙碌碌。机关多了，不能乱要报告，乱开会，乱发报表，我们那里叫作取消"苛捐杂税"。

我们一般是职能部门要开会到前线去开，到工地上去开，不能拉回来开。

积极培养，大胆提拔年轻干部

我们认为，队伍建设中的一个重要问题，是干部队伍的建设，尤其是现代化企业应该重视建设一支好的技术干部队伍。因为现代化企业，没有一支好的技术队伍，技术水平就不能提高，不能发展。我们在会战三年半当中，打破了唯"资格论"的框子，大胆地提拔了一批年轻的、思想好的、革命意志旺盛的、有能力的干部，发挥了很大作用。三年半时间，共提拔了1663名，这个数量不算少。其中，提拔为总工程师的有8名（现在我们总共有16名总工程师），提拔为主任工程师的有63名，提拔为工程师和地质师的有307名，这些同志的年纪大多数在30岁左右。这批年轻干部提拔起来以后，在会战当中出了大力，做出了很多的贡献。

在培养干部上，首先是领导对这个问题要重视起来，要从整个革命事业出发。干部是革命最大的本钱，不仅要从我们这一代，而且还要考虑到下一代。现在看来，我们提拔年轻干部非常重要，也确是时候了。现在的老干部的年纪终究是一年比一年老了，总会有一天要"革命成功"的嘛！培养下一代干部对我们事业来说非常重要。

我们培养干部，不论在什么时候都要遵循党的德才兼备的政策。正因为这样，我们提拔干部必须打破唯"资格论"的框子，也要打破唯"学历论"。不论是唯"资格论"，还是唯"学历论"，我们打破它好。打破这个框子，我们的眼界才能开阔，才能够大量地发现人才。在我们实际工作当中，看干部要看主流，培养干部要有方向。就是说，我们了解干部，必须从一个干部的全部历史和全部工作出发，如果只看一个干部的一时表现，那是靠不住的。每个干部身上的优点、缺点各有不同。我们对一个干部的看法，必须看他根本的一方面，看主流。比方说，我们经常遇到的干部有三种：一种干部是政治上很好，革命意志也旺盛，干劲也大，干起工作来，能以身作则，冲锋在前，退却在后，奋不顾身，认真负责。这些干部在其他方面也会有缺点，比如工作方式、方法有些毛病等。对于这种干部，我们觉得，应该肯定他们的成绩和长处，而耐心地帮助他们克服缺点。需要的时候，这种干部是可以提拔的。因为一个队伍中，培养提拔这种干部多了，战斗力就强，能打仗。第二种干部，在工作上怕负责任，甚至不负责任，干劲不足，责任心不强；反过来，他倒非常注意讲求方式方法，讲究关系，讲究礼貌，对上有一套，对下又有一套，有的时候欺上瞒下，拖拖拉拉。这种干部，一看好像是优点很多，如果不从全部的工作过程全面来看，有的时候看得就不清楚，这种干部，我们觉得不能提拔。因为一个队伍里头，这种干部多了，那就要丧失战斗力，靠这样的干部干工作，没有不坏事的。在一个车间、一个井队，有这种人，我们就坚决调开，不然队伍的战斗力培养不起来。还有第三种干部，他们干劲大，思想好，政治上也坚强，水平也高，工作方式方法又好，这种干部是不多的。当然，我们要努力把干部培养成这个样子。

培养技术干部的问题，在企业里已经成为一件大事情。因为每年毕业的学生越来越多，企业里的技术干部年年增加，如果不重视这件事，是会要吃大亏的。培养技术干部，我们这几年怎么搞的呢？有这样一些不成熟的经验。总的说，对技术干部培养要坚持中央提出的方针，培养他们走又红又专的道路。在我们实际工作中是怎样具体贯彻的呢？

第一，要重视解放后我们党办的学校培养出来的这一批年轻知识分子，不要光是局限在那一些老一批的知识分子身上。现在从数量上看，青年知识分子占多数；从质量上说，解放以后的学生，学的东西不见得比老一批的少。比如会战中，共有6804名技术干部，解放以前的只有一百零几个，可以说几乎全部是解放后培养起来的。我们把培养技术干部的重点，放在培养年轻一代身上。会战中，有16名总工程师，其中只有4名是解放以前的。例如，提了一个油田总地质师，今年才30岁，提拔的那一年是28岁，很年轻。他还不是大学毕业，是个专科毕业生。他的全部精力都放在工作、读毛主席著作、读技术书籍上，很用功。这个同志原来在新疆工作，很长时间把他当作技术员使用。我们部里是了解这个干部的。会战时，就指名调这个干部，又入了党，不久就提成油田总地质师，结果干得很好。我们搞的地层对比，几千万个数据、资料等，就是这些人动手搞的，干的工作比老辈好得多。他们精力充沛，责任心强，一心向着党，一心向着革命事业，再苦再累，毫不在乎。这样，我们事业就能蓬勃发展。

第二，在实际工作中，狠抓学习毛主席著作。这对知识分子干部，尤其重要。我们觉得知识分子走上革命化道路，尤其是在和平时期，和"三八"式时代不一样了，那时屁股后头有日本人，有蒋介石，要逼上梁山，投笔从戎，走上革命道路。而现在的知识分子，怎么走革命化道路呢？我们的体会，最根本的是用主席思想武装他们。主席思想是教育人的最有力的武器，所以就应该坚持不懈地组织学习主席著作，经常地学，反复实践。开始可能有人认为学习主席著作不如学技术书籍。当然，我们并不放弃读技术书籍，而且还大力提倡读技术书籍。但是，主席著作的学习必须强调和坚持，要想尽一切办法来组织他们学习。日久天长，他们从思想上、政治上，特别从思想方法上，就会从他们原来狭隘的小天地里面解脱出来。知识分子不仅在政治上要革命化，政治上要红，拥护共产党，拥护社会主义，更重要的是思想方法要红，要解决认识论和方法论问题。这个问题不解决，理论脱离实际，谈工作就谈不到一起，作风合不来，工作合不拢。读主席著作，最重要的是既可以从政治上提高他们的觉悟，更重要的是可以从认识论、方法论上来改造人。这个问题解决了，知识分子的力量就大了。我们提拔了一个钻井总工程师，工人叫他是"工人的总工程师"，就是说他和工人一个样了。这些人不仅是人生观解决了，而且是认识论、方法论的问题也基本解决了，能和群众打成一片，能深入实际。正如地质研究所的知识分子所说的："在大庆工作了几年，我们知识分子那股酸不溜溜劲儿都没有了。"

　　第三，在工作上，对技术干部做到四句话：充分信任，大胆使用，严格要求，热情帮助。这几年，我们会战工委做了个决定，就是各级负责的技术干部，都是同级的领导成员。这样，把实际责任给了他们，让他们有职有权地去进行工作，支持他们，特别要教育基层干部尊重技术干部的领导。比如，我们大型炼油厂的建设，只用了一年半时间，搞得很漂亮。这个炼油厂的总指挥是谁呢？是我们部里基本建设司的一个副总工程师。这个人是1958年前后入党的。比他资格老的有"三八"式的，可都听他的指挥，搞得很好，工作做得比较扎实。我们放手使用技术干部，可以发挥出他们的才能来。但有没有搞错了的呢？当然也有，但是比较起来是少数的，还是大胆使用的好处多。在放手使用的同时，要严格要求，热情帮助。就是说，应该办到的事情，没有办到，应该办好的事情，没有办好，一点也不客气，要严肃对待，直率地批评。但在批评当中，要帮助他们总结经验教训，要启发帮助，提出方向，让他提高。这几年，我们在大庆有个办法，叫作开大规模的技术座谈会，每年要开好几次，小型座谈会就更多了。有技术干部参加，也有领导干部参加，还吸收工人参加，以技术干部为主，总结工作，讲经验。在技术座谈会上，不光是讲技术，常常是变成了学习毛主席著作的会。在会上，用主席思想解决工程技术上的问题。这种技术座谈会，有时一开就是个把月。当然，不是二十四小时都开，而是开半天，工作半天，又开半天，会内会外结合在一起开，效果很好。余秋里部长到了大庆，总是要开几次技术座谈会。这样，技术干部和领导就非常亲切，觉得心心相印。因为时间久了，他们与领导没有戒备，没有隔阂，不分界限。我看做到与技术干部没有界限这一条很重要。一个工厂的厂长或党委书记，如果技术干部到现在还与你有一条界线，还有戒备的话，那工作是难做的，再讲什么制度或分工也都是不起作用的，甚至越讲越麻烦，那就会出来几驾马车。

我们体会到，技术座谈会必须讲毛主席著作，必须讲政治，必须讲思想。反过来，政治部开会，指导员开会，偏偏得讲技术。这样搞，我们感到是个很好的形式。不然，我们的厂长、党委书记只讲政治，技术干部专讲技术，这自然就会合不拢，必然会有界限。领导上不但要在工作中和技术干部打成一片，还要在生活上打成一片。领导干部带领他们学主席著作，他们帮助领导干部学技术，这样天长日久，技术干部也就学会了辩证法，领导干部学到了技术，自然界限就不存在了。当技术干部工作上有了成绩，就表扬，有了缺点，就直率地批评，甚至也可以处分，但这是造不成隔阂的，而且可以变成推动人们前进的力量。

在工作中，要给他们创造学习和研究科学技术的方便条件，给他们解决一些困难。比如，我们在大庆办了技术书籍图书馆。这个图书馆有4万多册书，特别是收集了一套美国石油杂志（从创刊到现在），对技术干部的帮助很大。只要我们领导上与技术干部团结得好，亲密无间，事情就好办了，不论怎么样，都可以引导他们走上革命的道路。

第四，对于大学、中技毕业的学生，刚分配来就让他们当工人，顶岗位，劳动锻炼。规定大学生当两年工人，中技学生当三年工人，然后再提起担任技术工作。这样，他们就不空虚了，成为既能说，又能做，能文能武的技术干部。我们是从 1962 年开始实行这个办法的,现在已搞了快两年,看来效果好。作为今后的一个方向来看,是一个比较实际的做法。

现在的青年技术干部是"三门"干部,即从家门出来,进学校门,出了学校门进机关门。让他们从学校门出来,先到生产实际中去锻炼一下是十分必要的。经过锻炼,再担任技术工作,就有了实际经验,能文能武。我们 1962 年实行这个办法时,国家还没有统一规定,阻力是很大的。刚毕业的学生说:"我到大庆来,就够客气的啦,到了这个困难的地方,还把我放下去当工人?"有的人还给国务院写信告状,说"大庆这个地方技术干部太多,还把我们在大学生拿下去当工人,不当人"等。我们顶住了,就这样,搞到现在,效果很好。现在,我们生产岗位上顶工人的有 1990 多个大专学生,可以说 90% 的人学得是很好的,还不到 10% 的不大安心,需要继续做工作。例如,武汉城市建设学院的一个女大学生,开始下放到油田供水站当工人,一到岗位上,在泵房里把她过去念过的书都摆起来,坐在那儿啥也不干,就是看书。工人们叫她"刘大学生",她自己满不在乎,感到自己是当然的"刘大学生"。因为活也不做,地也不扫,于是工人就叫她"刘小姐"。后来领导上让她代替技术员的工作,干了三个月,怎么也干不下来,工人在生产中遇到问题,问"刘大工程师",她怎么也解决不了,弄得满头大汗。这一下子教育了她,她才感到自己需要当一当工人,思想转变了,扎扎实实地跟老师傅学。这个时候,工人改变了态度,叫她"小刘"了。从这个人身上我们看得很清楚,如果不改造思想,就直接让她当工程师,那是空空如也,技术也得不到提高。所以,把大学生放下去当工人,顶一下生产岗位,好处很多,一是政治思想上的收获,二是技术上也有收获。

要培养一个好的作风

一个现代化的企业,没有一个好的作风是办不好的。我们培养队伍的作风,就是学解放军的"三八"作风。开始我们一方面学解放军的作风,同时,在队伍中狠反了"一粗、二松、三不狠"的老毛病。一是工作粗,不细致，二是松松垮垮，三是抓不起来。特别是领导干部抓问题抓得不紧，抓不死，搞工作搞不彻底。从反对这个老毛病开始，逐步发展到现在提倡的"三老四严""四个一样"的作风。"三老"就是当老实人，说老实话，做老实事。"四严"就是严格的要求，严密的组织，严肃的态度，严明的纪律。后来有个管油井的组长李天照又提出"四个一样"，即黑夜和白天干工作一个样，坏天气和好天气干工作一个样，领导不在场和领导在场干工作一个样，没有人检查和有人检查干工作一个样。这是一个工人提出的四句话，很有意义，我们就把它归结起来当作队伍的作风，普遍推广。现在看来，经过逐步培养，这个作风有点样子了。

当一个队伍形成了这样一个作风，力量是很大的。作风是个无形的力量，当它一旦形成起来，就能够起到我们领导上和生产管理制度上起不到的作用。有些制度规定不到那么严密，领导做工作总会有一些漏洞，有了这个作风，广大职工可以积极地、主动地弥补领导上、制度上的不足。

我们队伍的作风，是怎样培养起来的呢？我们这几年的体会主要有两条。

一是靠干部带作风。好作风是领导带起来的，靠命令是命令不出来的，靠制度也是订不出来的。就是要靠各级领导以身作则，身教言教，日久见效。特别重要的是领导干部要以身作则，严格要求自己。如果各级领导不严格要求自己，那就很难要求自己的队伍，就会上行下效。只要领导干部始终如一地严格要求自己，队伍就会"兵随将转"，好作风就会自然形成。

二是不断地提倡和教育，树立榜样，这一条很重要。要树立好作风，就要不断地提倡，不断地教育，多树榜样。榜样树得多了，好人好事就多了，人多势众，自然就成了好的作风。

（出自《康世恩论中国石油工业》）

实现高产稳产　创造世界奇迹

大庆精神大庆人

延安革命精神发扬光大

列车在祖国广阔的土地上奔驰着。它掠过一片片田野，越过一条条河流，穿过一座座城市，把我们带到了向往已久的大庆。

大庆，不久前人们对她还很陌生。如今，人们在各种会议上，在促膝谈心时，怀着无比兴奋的心情谈论着她，传颂着她。有机会去过大庆的人，绘声绘色地描述着这个几年前还是一个未开垦的处女地，现在已经建设成一个现代化的石油企业；描述着大庆人那一股天不怕、地不怕的革命精神和英雄气概。没有经受过革命战争洗礼和艰苦岁月考验的年轻人说，到了大庆，更懂得了什么叫作革命。身经百战的将军们，赞誉大庆人"是一支穿着蓝制服的解放军"。在延安度过多年革命生涯的老同志，怀着无限欣喜的心情说，到了大庆，好像又回到了延安，看到了延安革命精神的发扬光大。

我们来到大庆时，这里还是严冬季节。迎面闯进我们眼底的，是高耸入云的钻塔，一座座巨大的储油罐，一列列飞驰而去的运油列车，一排排架空电线，和星罗棋布的油井。这一切，构成了一幅现代化石油企业的壮丽图景。同它相对衬的，是一幢幢、一排排矮小的土房子。它们有的是油田领导机关和各级管理部门的办公室，有的是职工宿舍。夜晚，远处近处的采油井上，升起万点灯火，宛如天上的繁星；低矮的职工宿舍里，简朴的俱乐部里，不时传出阵阵欢乐的革命歌曲声，在沉寂的夜空中回荡。到过延安的同志们，看着眼前的一切，想到大庆人在艰苦的条件下为社会主义建设立下的大功，怎么能不联想起当年闪亮在延水河边的窑洞灯火哩！

但是，对于大庆人说来，最艰苦的，还是创业伊始的年代。

那时候，建设者们在一片茫茫的大地上，哪里去找到一座藏身的房子啊！人们有的支起帐篷，有的架起活动板房，有的在不知道什么时候被丢弃了的牛棚马厩里办公、住宿。有的人什么都找不到，他们劳动了一天，夜晚干脆往野外大地上一躺，几十个人扯起一张篷布盖在身上。

阴雨连绵的季节到了。帐篷里，活动板房里，牛棚马厩里，到处是外面大下，里面小下，外面雨住了，里面还在滴滴答答。一夜之间，有的人床位挪动好几次，也找不到一处不漏雨的地方。有的人索性挤到一堆，合顶一块雨布，坐着睡一宿。第二天一早，积水把人们的鞋子都漂走了。

几场萧飒的秋风过后，带来了遮天盖地的鹅毛大雪。人们赶在冬天的前面，自己动手盖房子。领导干部和普通工人，教授和学徒工，工程技术干部和炊事员，一齐动起手来，挖土的挖土，打夯的打夯。没有工具的，排起队来用脚踩。在较短的时间里，垒起了几十万平方米土房子，度过了第一个严冬。

就在那样艰苦的岁月里，沉睡了千万年的大地上，到处可以听到向地层进军的机器轰鸣声，到处可以听到建设者们昂扬的歌声："石油工人硬骨头，哪里困难哪里走！"夜晚，在宿营地的篝火旁，人们热烈响应油田党委发出的第一号通知，三个一群，五个一伙，孜孜不倦地学习着毛泽东同志的《实践论》和《矛盾论》。他们朗读着，议论着，要用毛泽东思想来组织油田的全部建设工作。没有电灯，没有温暖舒适的住房，甚至连桌椅板凳都没有，但是，人们那股学习的专注精神，却没有受到一丝一毫影响。

为了全国人民的远大理想

时间只过去了短短四年，如今，这里的面貌已发生了根本变化。我们访问了许多最早来到的建设者，每当他们谈起当年艰苦创业的情景，语音里总是带着几分自豪，还带着对以往艰苦生活的无限怀念。他们说，大庆油田的建设工作,是在困难的时候,困难的地方,困难的条件下开始的,如果不是坚信党的奋发图强、自力更生的号召,如果没有一股顶得住任何艰难困苦的革命闯劲,今后的一切都将是空中楼阁。许多人还说,他们过去没有赶上吃草根、啃树皮的二万五千里长征,也没有经受过抗日战争和解放战争的战火考验,今天,到大庆参加油田建设,也为实现六亿五千万人民的远大理想吃一点苦,这是他们的光荣,是他们的幸福!

深深懂得发扬艰苦奋斗、自力更生这个革命传统的伟大意义,心甘情愿地吃大苦,耐大劳,临危不惧,必要时甚至不惜牺牲个人的一切,而能把这些看作是光荣,是幸福!这,不正是大庆人最鲜明的性格特征吗?

有着二十多年工龄的老石油工人王进喜,大庆油田上有名的"铁人",就是大庆人这种性格的代表人物。

当年,这里有多少生活上的困难在等待着人们啊!但是,四十来岁的王进喜在一九六〇年三月奉调前往大庆油田时,他一不买穿的用的,二不买吃的喝的,把被褥衣物都交给火车托运,只把一套《毛泽东选集》带在身边。到了大庆,他一不问住哪里,二不问吃什么样的饭,头一句就问在哪里打井?接着,他马上就去查看工地,侦察线路。

钻机运到了,起重设备还没有运到。怎么办?他同工人们一起,人拉肩扛,把六十多吨重的全套钻井设备,一件件从火车上卸下来。他们手上、肩上,磨起了血泡,没有人叫一声苦。开钻了,一台钻机每天最少要用四五十吨水,当时的自来水管线还没有安装好。等吗?不。王进喜又带领全体职工,到一里多路以外的小湖里取水,保证钻进,这样艰苦地打下了第一口井。

无语的大地,复杂的地层,对于石油钻井工人来说,有时就好像难于驯服的怪物。王进喜领导的井队在打第二口井的时候,出现了一次井喷事故的迹象。如果发生井喷,就有可能把几十米高的井架通通吞进地层。当时,王进喜的一条腿受了伤,他还拄着双拐,在工地上指挥生产。在那紧急关头,他一面命令工人增加泥浆浓度和比重,采取各种措施压制井喷,一面毫不迟疑地抛掉双拐,扑通一声跳进泥浆池,拼命地用手和脚搅动,调匀泥浆。两个多小时的紧张搏斗过去了,井喷事故避免了,王进喜和另外两个跳进泥浆池的工人,皮肤上都被碱性很大的泥浆烧起了大泡。

那时候,王进喜住在工地附近一户老乡家里。房东老大娘提着一筐鸡蛋,到工地慰问钻井工人。她一眼看到王进喜,三脚两步跑上去,激动地说:"进喜啊进喜,你可真是个铁人!"

像"王铁人"这样的英雄人物,在大庆油田岂止一人!

马德仁和段兴枝,也是两个出名的钻井队长。他们为了保证钻机正常运转,在最冷的天气里,下到泥浆池调制泥浆,全身衣服被泥水湿透,冻成了冰铠甲。

薛国邦,油田上第一个采油队长。在祖国各地迫切需要石油的时候,他战胜了人们想象不到的许多困难,使大庆的首次原油列车顺利外运。

朱洪昌,一个工程队队长。为了保证供水工程赶上需要,他用双手捂住管道裂缝,堵住漏水,忍着被灼伤的疼痛,让焊工在自己的手指边焊接。

奚华亭,维修队队长。在一次油罐着火的时候,他不顾粉身碎骨的危险,跳上罐顶,脱下棉衣,压灭猛烈的火焰,避免了一场严重事故。

毛孝忠和肖全法,两个通讯工人,在狂风怒吼的夜晚,用自己的身体连接断了的电线,接通了紧急电话。

管子工许协祥等二十勇士,在又闷又热的炎夏,把钻进直径只比他们肩膀稍宽一点的一根根钢管——总长四千八百米的输水管线清扫得干干净净。

……

大庆人都被贯注了革命精神,他们的确是特殊材料制成的。历年来,在大庆油田,每年都评选出这样的英雄人物一万多名。

请想想看!在这样一支英雄队伍面前,还有什么样的困难不能被征服!

岩心和赤胆忠心

但是,大庆人钢铁般的革命意志,不仅表现在他们能够顶得住任何艰难困苦,更可贵的是,他们能够长期埋头苦干,把冲天的革命干劲同严格的科学态度结合起来。这正是他们在同大自然的斗争中,战无不胜、攻无不克的法宝。

在油田勘探和建设中,大庆人为了判明地下情况,每打一口井都要取全、取准二十项资料和七十二个数据,保证一个不少,一个不错。

一天,三二四九钻井队的方永华班,正在从井下取岩心。一筒六米长的岩心,因为操作时稍不小心,有一小截掉到井底去了。

从地层中取出岩心来分析化验,是认识油田的一个重要方法。班长方永华,当时瞅着一小截岩心掉下井底,抱着岩心筒,一屁股坐在井场上,十分伤心。他说:"岩心缺一寸,上级判断地层情况,就少了一分科学根据,多了一分困难。掉到井里的岩心取不上来,咱们就欠下了国家一笔债。"

工人们决心从极深的井底把失落的岩心捞上来。队长劝他们回去休息,他们不回去。指导员把馒头、饺子送到井场,劝他们吃,他们说:"任务不完成,吃饭睡觉都不香。"他们连续干了二十多个小时,终于把一筒完整的岩心取了出来。

这从深深的井筒中取上来的,哪里是什么岩心,简直是工人们对国家建设事业高度负责的赤胆忠心啊!

几年来,就是用这样的精神,勘探工人、钻井工人和电测工人们,不分昼夜,准确齐全地从地下取出了各种资料的几十万个数据,取出了几十里长的岩心,测出了几万里长的各种地层曲线。地质研究人员和工程技术人员,根据大量的第一性资料,进行了几十万次、几百万次、几千万次的分析、化验和计算。

想一想吧,是几十万次,几百万次,几千万次啊!那时候,大庆既没有像电子计算机这一类先进的计算设备,又要求数据绝对准确,如果没有高度的革命自觉,没有坚韧不拔的革命毅力,没有尊重实际的科学精神,这一切都可能做到吗?

正是因为有了这种自觉、这种毅力、这种实事求是精神,这种以毛泽东思想武装起来的新作风,在几万名大庆建设者的队伍中,形成了一种非常珍贵的既是继承了我党的优良传统,又是在社会主义建设时期的全新的风气——他们事事严格认真,细致深入,一丝不苟。大庆人不论做什么工作,他们的出发点都是:"我们要为油田建设负责一辈子!"

大庆的钻井工人们有一个永远不能忘记的"纪念日"——"难忘的四一九"。那是指一九六一年的四月十九日。这一天以前,大庆人封掉了一口新打的油井。这口井,如果同老矿区的井比起来,已经不错了,照样可以出油,只是因为井斜度超过了他们提出的标准,原油采收率和油井寿命可能受到影响,建设者们含着泪,横着心,把它填死了。"四一九"这一天,大庆人召开万人大会总结经验教训,展开了以提高打井质量为中心的群众运动。

"四一九"以后,这里的油井都打得笔直。最直的井,井斜只有零点六度,井底位移只有零点四米。打个比方说,这就等于一个人顺着一条直路走,走了一公里,偏差没有超过半米。

有一次,一二八四钻井队打的一口油井发生了质量不合格的事故。这个队的队长王润才和工友们,把油井套管从深深的地层中拔出来,逐节检查,研究发生事故的原因。他们终于发现,有一处套管的接箍因为下套管前检查不严而变了形。后来,队长王润才就背上沉重的套管接箍,走遍广阔的油田,到每一个钻井队去现身说法,给全体钻井工人介绍发生质量事故的教训。

对油田建设负责一辈子的大庆人,用科学精神武装起来的大庆人,就是这样对待自己工作中的缺点的。从那时以后,油田上打井因为套管接箍不好而造成质量事故的情况,再也没有发生过。

"好作风必须从小处培养起"

不仅对待关系到整个石油企业命运的大事情如此严格,即使对待一些看来"微不足道"的小事情,也同样一丝不苟。大庆人说:"好作风必须从最小处培养起。"

今年春天,油田上召开了一次现场会。会场中央,端端正正放着十根十米长的钢筋混凝土大梁。这些大梁表面光滑平整,根根长短粗细一致,即使最能挑剔的人,也找不出它们有什么毛病。但是,油田建设指挥部的负责人却代表全体干部在会上检讨说,由于他们工作不深入,检查不严,这些大梁的少数地方,比规定的质量标准宽了五毫米。

五毫米,宽不过一个韭菜叶,值得为它兴师动众地开一次几百人的现场会吗?不,值得!大庆人性格的可贵之处正在这里。会上,工程师们检查了他们没有严格执行验收标准,关口把得不好;具体负责施工的干部和工人检查了他们作风不严、不细,操作技术不过硬。人们纷纷检查以后,干部、工程技术人员和工人们,抄起铁铲,拿起磨石,把大梁上宽出五毫米的地方,一一铲掉,磨光。人们说:"咱们要彻底铲掉、磨掉的,不只是五毫米混凝土,而是马马虎虎、凑凑合合的坏作风!"

这种一丝不苟的作风,在工程技术人员中也形成了风气。几年来,他们不分昼夜,风里雨里,奔波万里,为的是找到一个合理的科学参数;他们伴着摇曳的烛光,送走了多少个不眠之夜,为的是算准一个技术数据。

青年技术员谭学陵和另外四个年轻人花了整整十个月时间,累计跑了一万二千多里路,从一千六百多个测定点上测得五万多个数据,找到了大庆油田最正确的传热系数,为整个油田输油管道的建设提供了科学根据。

技术员蔡升和助理技术员张孔法,在风雪交加的冬季,身揣窝窝头,怀抱温度计,五次乘坐没有餐车、没有卧铺、没有暖气的油罐列车,行程万余里,在挂满冰柱的守车上实地探测原油外运时的温度变化。

技术员刘坤权,一个普通高中毕业的学生,一连几个严冬,冒着风雪从几百个不同的地方挖开冻土,进行分析化验,终于研究出这里土层的冻胀系数,为经济合理地进行房屋基础建筑提供了可靠数据。

亲爱的读者,你们看到这些事例会想些什么?当我们听到这一切时,都被大庆人这种可贵的性格深深地感动了。

永不生锈的万能螺丝钉

在大庆，我们访问过不少有名的英雄人物，也访问过许多在平凡的岗位上忠心耿耿的"无名英雄"。从他们身上，我们发现，大庆人不论做什么工作，心里都深深地铭刻着两个大字"革命"。

电测中队现任副指导员张洪池，就是大批"无名英雄"中的标兵。

四年前，张洪池是人民解放军这个伟大集体中的"普通一兵"。来到大庆以后，他当过电测学徒工，当过炊事员，样样工作都做得很出色。在长期的平凡劳动中，他显示了一个自觉的革命战士的优秀品质。他在自己的日记上曾经写道：

共产党员要像明亮的宝珠一样，无论在什么地方，都要发光发亮。

"我要像个万能的螺丝钉一样，拧在枪杆上也行，拧在农具上也行，拧在汽车上，机器上，锅台上……凡是拧在对党有利的地方都行，都要起一个螺丝钉的作用，而且要永远保持螺纹洁净，不生锈。"

做一粒到处发亮的宝珠！当好一颗永不生锈的万能螺丝钉！——这就是大庆人对待生活的态度。

一天夜晚，在一间低矮的土房子里，我们见到了油田的一个修鞋工人。他的名字叫黄友书，三十来岁年纪，也是个复员军人。他到大庆以后，当过瓦工、勤杂工、保管工，磨过豆腐，喂过猪。后来，领导上又派他去给职工们修鞋。

修鞋！在轰轰烈烈的社会主义建设战线上，去当一个"修鞋匠"？对这种平凡而又琐碎的劳动，你是怎样看待的？

黄友书二话没说，愉快地接受了任务。他说："战士没鞋穿打不了仗，工人没鞋穿也搞不好生产，谁离得了鞋啊？给工人们修好鞋，这也是革命工作！"

他跑遍附近好几个城镇去找修鞋工具。他每天挑着修鞋担子下现场。他经常收集废旧碎皮，捡回去洗净揉好，用它来给职工们掌鞋。

黄友书看到职工们穿着他修好的鞋踏遍油田，心里乐开了花。就是这个并非油田主要工种的修鞋工人，每年都被职工们选为全矿区的标兵，被誉为忠心耿耿为人民服务的"老黄牛"。

在大庆，这样的事例是举不胜举的。从大城市的大工厂调来不久的老工人何作年自豪地说："在咱们大庆，人人都懂得他们做的工作是革命。扫地的把地扫好了，是革命；烧茶炉的把开水烧好了，又省煤，也是革命。一个人懂得了这个道理，做啥也浑身是劲。大家都懂了这个道理，就能排山倒海，天塌下来也顶得住！"

一切工作都是革命，所有的同志都是阶级兄弟。人们精神世界的升华，渗透到人与人之间的关系中去，谱成了多少扣人心弦的乐曲！在大庆这个革命的大家庭中，人们时刻铭记着毛主席在《为人民服务》这篇文章中的教导："我们都是来自五湖四海，为了一个共同的革命目标，走到一起来了。""一切革命队伍的人都要互相关心，互相爱护，互相帮助。"

关心别人胜过自己

在大庆，干部们对工人的关心，关心到了一天的二十四小时。每天深夜，干部都要到工人的集体宿舍中去"查铺盖被"，看一看工人兄弟休息得可好，睡得是否香甜。

一场暴风雪过后，气温骤然下降了十多度。年轻的单身工人张海青，被子又薄又脏，还没有来得及拆洗，没有添絮新棉。支部书记李安政"查铺盖被"时，发现了这个情况，他趁工人们上班，悄悄把张海青的被子抱回家，让自己的爱人拆洗得干干净净，又把自家的一床被拆开，扯出一半棉花，絮到张海青的被子里。张海青发现他的被子变得又干净又厚实，到处查问是谁干的，李安政在一旁一声没吭。从一个大城市新调到大庆的老工人王文杰把这一切看在眼里，暗暗掉下了眼泪。

一二〇二钻井队的十几户家属，听说技术员李自新的妻子去世了，遗下两个孩子，争着把孩子抱到自己家里看养。她们说："孩子没妈了，我们就是她俩的妈。"前任队长王天其的爱人李友英，天天把奶喂给李自新一岁的女儿小英，却让自己正在吃奶的孩子小香吃稀饭。有人为这件事写了一份材料给钻井指挥部党委书记李云，李云把这份材料转给李自新，同时含着泪给李自新写了一封意味深长的信："等两个孩子长大了，告诉她们，在新社会里，在革命大家庭里，人们是怎样关怀她们，养育她们长大成人的。叫她们永远记住，任何时候都要听党的话，跟着党走。"

在地质研究所、设计院、矿场机械研究所这些知识分子、干部集中的"秀才"单位，人与人之间的关系也发生了根本变化。有一次，地质研究所女地质技术员陈淑荪看到同一个单位的地质技术员张寿宝的被面破了，就把一床准备结婚时用的新缎子被面从箱底翻出来，偷偷缝在张寿宝的被子上。张寿宝发现了，怎么也不肯要。陈淑荪对他说："你说说，我们是不是阶级兄弟？是不是革命同志？是，你就把被面留下。不是，你就还我。"这几句话，说得张寿宝感动极了，他含着两眶激动的眼泪，再也说不出不要被面的话了。

为了实现六亿五千万人民的远大理想，心甘情愿地吃大苦，耐大劳；为了对国家建设事业负责一辈子，事事实事求是，严格认真，一丝不苟；为了革命的需要，全心全意地充当一颗永不生锈的万能螺丝钉；在革命的大家庭中，人人关心别人胜过关心自己……这些，就是大庆人经过千锤百炼铸造出来的可贵性格。在我们伟大祖国的社会主义建设事业中，是多么需要这样的性格啊！

也许有人要问：大庆油田的辉煌成绩和建设者们身上的巨大变化，这一切是怎样得来的？大庆人的回答很简单："这一切都是毛泽东思想的胜利！"

一个晴朗的早晨。我们去访问油田的一个工程队，想进一步了解毛泽东思想在大庆是怎样地深入人心。同路的一位年轻工人说："那里今天开会，不好找人。"我们问他开什么会，他说："冷一冷。"冷一冷，这是什么意思？年轻工人解释说："我们大庆经常开这样的会，找一找自己的缺点，找一找工作中还存在的问题。找准了，就能迈开更大的步伐前进。"

在大庆人已经为祖国建设立下奇功的时候，在全国都学习大庆的时候，他们还要冷一冷，继续运用毛主席提出的"两分法"，从自己的不足处找出不断前进的动力。这不正是我们想了解的问题的答案，也是大庆人更可贵的性格吗？

（出自《人民日报》1964年4月20日）

靠两分法前进

大庆油田，为我国石油工业的发展开拓了一条康庄大道；大庆人，为我国石油基本自给立下了汗马功劳。

社会主义工业建设要靠大庆精神。党和国家把最高的荣誉奖给了大庆人。人们用最美的音乐，谱成赞扬大庆的赞歌；人们用最好的语言，写成赞美大庆的诗篇。

胜利、荣誉、赞歌、颂词，对大庆人来说，不能不是一个新的考验。

历史上有过那么一些人，在出生入死的战斗中，不愧为顶天立地的英雄好汉，但是他们经受不住胜利的考验，在荣誉面前栽了筋斗！

用毛泽东思想武装起来的大庆人，坚定地采取了马克思主义的唯物辩证法——两分法来分析荣誉，对待荣誉。他们说：

"我们不是个皮球，轻轻一拍，就跳得老高；我们要像八九点钟的太阳，越升越高，光线越来越强。

"我们不是狗尾巴草，既小又瘪，摇头摆脑，洋洋得意；我们要像金黄的谷穗，果实累累，埋头成长，从不夸耀自己。"

大庆人的性格就是这样，取得成绩喜不倒，有了困难吓不倒，碰了钉子弯不了。在胜利面前，他们喊出响亮的口号：不断革命催战马，前进依靠"两分法"！

用两分法对待荣誉——永不自满

1964年的春天，伴随着我国石油基本自给的胜利消息，来到了大庆油田。这是多么不平凡的春天啊！全国各地的学习参观团，一批一批地来到大庆；作家、艺术家、新闻记者和摄影师们，也一批又一批地来到大庆。办大庆式的企业，做大庆式的工人，成为人们的共同语言。

全国学大庆，大庆怎么办？怎样使刚受过创业时期艰苦考验的职工，再经受住胜利和荣誉的考验，把毛泽东思想的伟大红旗举得更高，在革命化的道路上继续大步前进，就成了当时摆在大庆油田领导面前的重要问题。正在这个时候，毛主席关于克服骄傲自满、故步自封，反对形而上学的指示传到了大庆油田。大庆党委如获至宝，决定从两分法开始，找出缺点和不足，明确认识前进的方向。

善于学习运用毛主席著作的大庆人，带着问题认真地学习了毛主席关于两分法的教导。毛主席的话，说到了大庆人的心坎上。他们感到既深刻又亲切，好像吃了一服清凉剂，头脑清醒了。觉悟到形势越好，越要用一分为二的观点，找出问题。不然的话，就会盲目冲动，缺乏自觉性，就会吃败仗，栽筋斗。有的同志说：脑子里没有两分法，打了胜仗，光说不要骄傲，可是骄傲自满还是出来了。只有掌握了两分法，才能保持清醒的头脑，才能无往而不胜。

就在这个不平凡的春天里，大庆油田从上到下，掀起了一个热火朝天的大学两分法，大讲两分法，大用两分法的热潮。

他们以高度的革命精神、严格的科学态度，从高标准着眼，从具体问题入手，针对日常生产和工作中常见的、细小的低标准、低水平，大找缺点，大找差距。白天现场找，晚上开会找，组织检查小组找。就这样他们也还嫌找得不透，派出学习团到部队和上海、哈尔滨、沈阳等地方去学习，回来又找，真是找得细，挖得深。有的钻井队，把钻机解体成三四千个零件，一个零件一个零件地找缺点，不规格的、松动的、缺了的都算一个问题。从现象找到本质，从工作查到思想。工人们说："螺栓松动，就是思想松动；零件生锈，就是思想生锈；阀门不严，就是思想不严。"

大庆职工就是在学习运用两分法的基础上，找出了大量的缺点和差距。归纳起来，主要是思想作风还不够过硬，基本功还不够过硬，工程质量还不够高，规格化还不够好等十八个问题。

这些缺点和差距，虽然都是日常工作、生产和生活中的具体问题，但却成了巨大的动力，像一颗炸弹在人们思想上爆炸了。它震动了一部分人的骄傲自满和麻痹思想，也震动了一部分人思想深处的形而上学观点。

大庆工委领导认为：这不是哪个人、哪个单位的问题，而是领导思想和领导作风的问题。工委和各指挥部的领导同志，分别在七十四个大小会议上向全体职工面对面地进行了检查，承担了责任，领导同志的自我批评精神，深深地感动和教育了工人。领导一检查，工人们更坐不住了，许多工人都主动地检查了自己的缺点。他们说："工作出了问题，领导检讨，叫我们实在难过。"钻井工人说："井打斜了，不能都怪领导，主要还是我们思想上有问题，人的思想是'直'的，打出来的井就是直的，人的思想抛了锚，井就打不好。"

大庆人是不怕暴露缺点和问题的，他们把缺点和问题作为前进的动力，对自己提出了更高的要求，努力做到：

项项工程质量全优，

事事做到规格化，

人人做的事情过硬。

为实现这三条要求，他们掀起了一个大整大改的热潮。在整改中，人们严格认真，一丝不苟。一二〇五钻井队，找出上百个问题，差不多都解决了，只剩下钻机天车上还缺一个垫子，他们也坚持装上以后才开钻。

在一二〇五钻井队刚刚擦洗过钻台的第二天，队长张石林上岗发现井架梯子栏杆上沾着一块泥巴，他轻轻地刮下来，包成四包，发给每班一包，同时提出这样一个问题："老毛病好找，改起来也不难，为什么我们就改不了？"四个班都讨论了泥巴问题，又进一步找出了有些人上钻台不戴铝盔，上井架不系安全带，拿扳手当榔头用……许多条老毛病。每天班前会讲，班后会查，写出来贴在墙上，改一条，去一条，犯一条，再加一条。大庆职工就是这样，从大量的、具体的、细小的问题入手，培养过硬作风。他们懂得，要想在生产建设中实现高标准，搞出大名堂，必须从日常生产中的具体问题上，下苦工夫，打好基础。

油建十四中队气焊工魏忠德在焊接输油管的时候，突然一阵疾风，卷着沙土迎面扑来，几颗细小的沙粒吹到正在熔化的铁水里。他心想，这几粒沙子如果凝结在焊缝里，虽然看不见，摸不着，但是很可能造成管道漏气的严重后果。他放下焊枪，立即把这个焊口割开重焊。大庆工人就是这样高度自觉，处处用高标准严格要求自己。他们说：宁要一个过得硬，不要九十九个过得去。

大庆人不光是取得成绩、受到表扬的时候才找差距，而是每打一口井，每做一件事，都要找差距。他们是时时找差距，事事找差距，人人找差距。以"自觉从严，好字当头"而闻名的油田建设十一中队职工，总结出这样一些体会：看别人的成绩，要用放大镜，点滴不漏，发扬光大；找自己缺点，要用显微镜，不放过一个低标准；前进中要用望远镜，站得高，看得远；解决问题，要用聚光镜，抓住主要矛盾，从根本上改正。

他们狠抓这"四面镜子"天天照，人人照，照出了高标准，照出了高水平，照出了不断革命的思想，照出了前进的方法，从胜利走向胜利。

用两分法做思想工作——调动积极因素

来大庆参观学习的人，有个共同的体会：在这里，不管你提出什么问题，干部也好，工人也好，他们都会用两分法的观点，具体分析，具体回答。使你真正感到，哲学走出了课堂，在大庆油田上生了根，开了花。

两分法的思想，来自毛主席著作。两分法成为群众性的语言，两分法成为人们生活的一部分，事事讲两分法，处处讲两分法，人人讲两分法。

在大庆，人人都重视思想工作，都用两分法的观点看人，做人的思想工作。班长刘文贺说："世界上一切事物都有它的两个方面，人也是一样，既有优点，也有缺点，决不能片面地看待同志。当你表扬谁的时候，可别忽略了他的缺点；当你批评谁的时候，一定要充分看到他的优点。这样，才能使受表扬的同志，更加谦虚谨慎，永不自满；使受批评的同志，不灰心，不泄气，奋起直追，赶上先进。"

　　让我们看看大庆的"郭兴福"，三矿五队队长姬德先是怎样做思想工作的吧！

　　一个严冬的早晨，采油工张贤银正在摇绞车清蜡，越摇越沉，他心想，这准是个大蜡棒在作怪，谁知一用劲，突然又变得轻松了。一个可怕的念头，在脑子里闪了一下："钢丝断了！"他冲出值班室，窜上井口房，眼明手快，一把抓住断了的钢丝，避免了一场井下落物的严重事故……就在这个时候，姬德先上井检查工作来了。他帮助张贤银做了处理，又分析了原因：不是什么蜡棒作怪，而是钢丝跳绳，被卡住，绞断了。张贤银感到自己犯了个大错误，他做好思想准备，等待着队长的批评和处理。

　　谁知姬德先一没批评，二没处分，临走时，在井组工作日志上写下了这样一段评语："你井今天差点出了大事故，其实和出事故也没有什么区别，钢丝已经断落。幸亏张贤银同志机智勇敢将钢丝抓住，冒着严寒把刮蜡片提出，做了及时的处理。张贤银同志这种高度负责精神，避免了一场事故。特此提出表扬。同时也应从这件事中，吸取教训，经常注意检查滑轮，杜绝类似事故发生。"

　　在姬德先领导的井组中，只有一口井，工作比较差些，但是他们也不甘落后，急起直追，争当"五好"。年底，采油指挥部的"五好"油井验收小组，在这口井上进行了反复的检查之后，决定授予"五好"称号。井组的同志欢喜若狂，正在休班的一个采油工也闻讯赶到井场，他一摸口袋，还有三支烟，不多不少，每人一支，抽了起来。井场上抽烟是违反安全制度的。这三个人一高兴，把它忘了。就在这个时候，验收小组的一位工程师来取他丢下的手套，一进值班房就愣住了，当场宣布"五好"撤销！三支烟抽掉了"五好"，抽掉了全队"满堂红"。

　　后悔也来不及了。三个人垂头丧气地坐下来，主动地写了检讨，请求处分。

第二天，姬德先来上岗了，他说："我知道你们心里很难过，可能没吃好，也没睡好，所以今天来看看你们。"他在工余时间给大家开个会，讲了井场吸烟的危害性，讲了错误的严重性。但是他没有过多责备工人，他说："出事在你们手上，根子在我身上。"他检查了自己交代不够，要求不严，检查不细……三个吸烟的工人，越听心里越难过。不知是谁"哇"一声，三个人都哭了起来。事先准备好的检讨，一句也说不出来了。

姬德先鼓励大家：跌倒了，爬起来。事物在一定条件下，都是可以转化的，只要我们接受教训，用高标准要求自己，坏事可以变成好事，"五好"丢了，再夺回来嘛，哭什么！

错误是严重的，教训是沉痛的，但是他们没有倒下去，他们想的并不是"五好"称号的得失，而是吃一堑，长一智，创造条件让坏事变成好事。他们对自己要求更严了，干劲更大了。不久，"五好"的光荣称号又夺回来了。

大庆的领导同志，上自总指挥下至小组长，对来自群众的表扬的话，批评的话，都能认真地听，特别是反对的话，要认真地听。他们用一分为二的观点听取各种意见，不断地提高思想水平，改进工作作风。南一矿一队有个名叫张建华的新上任的组长，他领导六个人，管理两口油井。这两口井，一个先进，一个落后，这位新任组长一头扎进落后井，抓思想，抓生产，埋头苦干。不到两个月，面貌改观，实现"五好"。耳朵里听到的是一片称赞声。

出乎意料的是，那口先进井反而把"五好"丢了。张建华很是恼火，定要追查责任。更叫他出乎意料的是，在值班房的小黑板上，发现了这么几句话："鸟无头不飞，人无头不走。"意思是说，这口井没管好，是张建华没起到井长的作用。一看字体，又是那个爱提意见的采油工写的，火更大了，非整他一下不可。可是冷静一想，为什么工人在黑板上写下这些话呢？难道这个批评没有一点正确的地方吗？他虚心地去找那位采油工交谈。人家提了三条意见，条条正确。一，你一头扎到一口井，对我们井管得太少，帮助不够；二，我们井结蜡重了，活更累了，你看不见，光批评；三，你光看到我们几个人技术过硬，就不抓活思想，不抓毛主席著作的学习了，思想问题不解决，劲儿就使不到一块去，这都说明你思想方法片面性。这真是一服清凉剂，工人教会了组长用两分法看问题。

张建华深深体会到："掌握了两分法，脑子多了根弦，看问题全面了，办事周到了，工作也顺手了。"他领导的两口井都保持了"五好"。

有位叫刘玉凡的采油队长，在一次职工大会上发了火，当众"刮"了锅炉工李天太的"胡子"，批评他违反劳动纪律，在岗位上睡觉了。其实这是个误会，没那么档子事。李天太听了，火气也不打一处来，本想站起来辩驳几句，当他想到毛主席"有则改之，无则加勉"的教导，忍了。但他心里总感到这个是问题，这倒不是因为自己受了委屈，而是队长的思想方法和工作作风有毛病，应该对他进行帮助。

一个工人做起队长的思想工作来了。他主动去找队长个别谈心，表扬队长对党忠心耿耿，能吃大苦，耐大劳，严格要求自己，处处以身作则等，首先肯定队长是个好同志。同时又给队长提出两条缺点：一是办事鲁莽，缺乏细致的调查研究；二是对工人粗暴，动不动"整"工人。为帮助队长认识缺点，李天太还从口袋里拿出毛主席著作单行本《关于正确处理人民内部矛盾的问题》，让队长好好读读。刘玉凡真是万分感激，他不仅向工人赔礼道歉，表示好好学习毛主席著作，还向党支部书记做了汇报，要求在支委扩大会上做深刻的检讨。

在大庆，工人和干部之间有深厚的阶级感情，有共同的思想方法，他们互相帮助，互相促进，调动一切积极因素，完成党交给的任务。

用两分法总结工作——不断前进

以两分法为武器，检查思想，总结工作，已经成为大庆职工的工作制度和生产习惯。他们班班检查，天天评比，事事总结，每年集中地全面地搞一次大检查、大评比、大总结。不断地总结经验，找出差距，向高标准、高水平进军。

在总结评比中，看主流，摆成绩，谈进步，大长工人阶级的革命志气，大鼓力争上游的革命干劲。表扬不是就事论事，要分析为什么好，好的原因在哪里，表扬也要出高水平。

油田开发研究院对比室的技术人员们，把毛主席著作和自己的研究成果一起拿出来讨论。他们说，外国人带三块岩样写出的报告材料，被称为"权威"。我们凭一千八百块岩样，写出的报告材料，不管哪一方面都超过了它。摆出了革命志气，摆出了第一性资料的重要意义。这时再读《实践论》，总结出一条经验：这些成绩完全是学习毛主席著作的结果。要想在科学研究上出成果，必须继续认真学习毛主席著作，特别要在指导实践上下功夫。

战区"五好"标兵蒋三大，爱井胜过爱家，任劳任怨，埋头苦干，同志们给他摆出许多优点。他的革命干劲为什么那么大？经过分析，大家一致认为："蒋三大同志三岁死娘，十一岁丧父，十三岁给大资本家当学徒，受尽打骂，他痛恨旧社会，热爱新社会。带着阶级感情干活，带着阶级感情学习毛主席著作，毛主席怎么说，他就怎么做。"经过分析提高，透过现象看到了本质，进一步明确了向先进人物学习什么。

总结评比的过程，也是树标杆，找差距，学先进、赶先进、超先进的过程。"五好"单位大量出现，"五好"标兵层出不穷。老标兵好上加好，新标兵后来者居上。先进事迹到处传，先进思想大发扬，激起更大的革命热情，掀起新的生产高潮。

大庆油田的领导是冷静的革命促进派，他们对群众的干劲也用两分法。当群众没有发动起来时，集中力量鼓干劲，掀高潮。当群众的干劲起来了，就冷静思考，把群众的干劲引导到正确的方向。

打一次胜仗，找一次差距，打一次胜仗，攀登一个高峰。大庆人站得高，看得远，有战略思想，永远不会停止在一个水平上，年年有所发现，有所发明，有所创造，有所前进！

在我们写这篇东西的时候，全国职工正在酝酿着一个学大庆的新高潮。在这种情况下，大庆人谦虚谨慎地提出了一个问题："全国都在革命化，我们怎么办？"他们的回答是：把毛泽东思想伟大红旗高举再高举，用更高的标准要求自己，更加加紧学习毛主席著作，向更加无产阶级化、革命化、现代化前进，在第三个五年计划期间，为党和人民做出更大的贡献！

大庆人正在向着新的目标迈进！

（出自《工人日报》1966年1月5日）

石油工业部转发大庆工委"约法三章"

各局、厂、公司：

　　大庆工委于今年八月下旬，召开扩大会议，制订了"约法三章"，这是实现企业革命化，特别是企业领导干部革命化的一项重要措施。这一文件国家计委已在计划会议上印发各中央局计委、各省市、自治区计委，抄中央各部、委、办。国家经委在"工业交通战线"第十三期也已刊登，现印发给你们。

石油工业部
一九六四年九月三十日

大庆工委"约法三章"

　　（一）坚持发扬党的艰苦奋斗的优良传统，保持艰苦朴素的生活作风，永不特殊化。具体要求是，不盖楼、馆、堂、所；指挥部以上的领导干部都住"干打垒"或平房；办公室、会议室、宿舍都不得摆沙发；领导干部都要在集体食堂吃饭，各人吃多少，交多少钱；不请客、不送礼；不跳舞；严格教育子女，不搞特殊化。

　　（二）坚决克服官僚主义，不能做官当老爷。具体要求是，工委领导成员每人每年至少蹲一个到两个基层点，要蹲到一个大队或车间，亲自发动群众，亲自做具体工作，从头到尾，善始善终，直到完成任务，改变基层面貌为止。参加劳动，要做到创造生产价值。在劳动中要求做到"五结合"，即参加劳动同领导工作结合，同搞试验田结合，同调查研究、解决问题结合，同学会一门操作技术结合，同自己业务结合。

（三）坚持"三老、四严"的作风，谦虚谨慎，兢兢业业，永不骄傲，永不说假话。提倡原则空气，反对自由主义。严格组织生活，保证工委成员每月定期开一次党的小组会，开展批评与自我批评。

（出自《大庆市志》）

用唯物辩证法指导石油工业发展

马克思主义的唯物辩证法，不仅是指导革命取得胜利的锐利武器，而且是指导社会主义建设的科学。我国建国40年的实践证明，什么时候辩证法多一些，形而上学少一些，指导思想正确，什么时候经济建设发展就顺利，成果就大些。相反，主观的认识脱离客观实际，就会出现挫折和反复。总结历史的经验教训，使我们更加深切感到掌握哲学武器的重要。中央号召各级干部，特别是领导干部学习哲学，运用马克思主义的辩证唯物主义指导我们的工作，这对建设有中国特色的社会主义有着极为深远的意义。

石油工业是探索地下奥秘的工业部门。石油资源深埋地下，人们不能直观，而只能借助于各种手段，间接地认识地下油气藏的客观规律。因此，石油勘探风险性大，探索性强。这个特点决定了我们更需要运用辩证唯物主义的认识论、方法论来指导石油勘探和开发。没有正确的理论，没有正确的指导思想，就不会有正确的行动。同样，不用实践来检验石油勘探开发的设计、方案和部署，也不可能做到正确和完善。

大庆是靠《实践论》《矛盾论》"两论"起家的。大庆的"两论"起家不是凭空提出来的，而是总结了正反两个方面经验教训的结果，是对当时存在的浮夸风、主观主义、违反客观规律的做法的纠正。30年来的事实证明，学"两论"学对了，它指导我们正确认识和开发了我国第一个大油田，大大提高了广大石油职工的思想认识水平。从大庆的经验看，运用"两论"指导石油勘探开发，要坚持以下几个主要观点。

一、坚持实践第一的观点，重视取全取准资料和科学试验

实践的观点是辩证唯物论的认识论之第一的和基本的观点，任何一个地质学家都不是算命先生。我们要弄清深埋地下几千米的地质情况，把油气开采出来，只能靠科学，靠实践。

就石油来说，实践的核心问题主要有两个。一是资料的齐全准确。没有资料，就谈不到正确认识地下，更谈不到能动地改造油气层。在石油勘探开发中，运用综合的多种技术手段，包括地震、钻井、测井、井下作业和油井、水井的测试，都是对地下地质情况、油气分布情况和油田动态情况进行调查研究，都是为了取得齐全准确的第一性资料，这是我们认识客观世界最主要的科学依据。

大庆会战一上手就坚持《实践论》的观点，每打一口井必须取全取准20项资料，72项数据，把第一性资料作为油田各项工作的基础。大庆职工与不重视取全取准资料的坏习惯、老毛病进行了不懈的斗争，使这个好传统一直坚持到今天。现在几万口油井，一天要取上亿个数据，经过计算机处理归纳，分析研究，再反馈回去指导油田勘探和开发。这套工作，对于大庆油田长期高产稳产，起了决定性作用。事实证明，实践的程度和研究的深度与取得的成果是成正比例的。如果忽视资料的取得，或者甚至搞虚假资料，不但会浪费大量资金，无效劳动，还会使我们做出错误判断，导致严重的后果。

实践的另一个核心问题是"一切经过试验"。当年玉门油田就是石油工业起步的试验田，起到了大学校、研究所的作用，为全国石油技术的推广和发展发挥了重要作用。大庆会战时十分重视搞开发试验区和小井距试验区，解剖麻雀，搞清一点，取得经验，再全面推广。这就避免了盲目性、主观主义，使大庆油田开发能在比较短的时间，取得较大的效果。辽河油田对含蜡量高、开采难度大的稠油油藏，长期坚持多种方法的工艺试验，形成开发稠油的配套工艺技术。在全国其他油田推广后，使以往难以开采的稠油近几年产量大幅度增长。这种科学实践的精神，对于

正确认识和开发油气田是十分必要的。所以，无论资金多么紧张，必要的科学试验项目不能取消，试验工作也不能放松，这是一本万利的事情。

二、坚持发展的观点，不断加深对油气藏的认识

搞好油田的勘探、开发，一定要遵循"实践、认识、再实践、再认识"的认识规律办法。对地下情况的认识，尤其是复杂地质条件下油气藏的认识，不可能只经过一两次实践就认识完毕。不要说一个大盆地，即使对一个油田、一个区块、一个油层，都要经过多次实践，循环往复，才能使人们的认识比较符合客观实际。人们的认识总是从不知到知，从知之甚少到知之较多，一次比一次深化，一次比一次接近实际。大庆油田开发30年，最初计算的地质储量是20多亿吨，这是当时实践的认识水平。第一套开发井网打下来，进一步认识到储备量接近30亿吨，后来加强油藏研究，采用新技术，开发了下部油层和原来认为无开采价值的薄油层，储量又有大幅度上升。这是实践深入后认识深化的结果。四川油气田经过几次会战，也搞了30多年。过去由于思想方法不对头，采取的技术措施不适应裂缝性油气藏的特点，所以走了不少弯路。近两年来，总结了经验教训，端正指导思想，仅一年多时间就打出十多口日产百万方以上的高产气井。思想方法不同，效果完全两样。还有的地区，第一次上去勘探，什么也没有发现，以后又"二进宫""三进宫"，反复进行工作，才找到油气田。这些事实说明，绝不能只根据一两次实践，根据片面的资料，就轻率做出结论。如果只满足于一得之功、一孔之见，那就会紧箍自己的头脑，解放不了思想，必然陷于主观主义的境地。要么悲观失望，无所作为；要么头脑发热，盲目冒进；要么浅尝辄止，遇难则退。这都是主观和客观相分裂，认识和实践相脱离的表现，是违反唯物辩证法的。正确的态度应该是，越是地下情况复杂，越是遇到难题，越要有顽强拼搏的科学精神，更要反复实践，反复探索，直到攻下来为止。这样，主观和客观逐步一致，科学技术的作用就发挥出来了，成果也就拿到了。

搞石油的常常听到两句话,一是在勘探中,人们往往讲地下情况"太复杂",二是在油田开发中,动辄说产量"稳不住"。这都是由于没有认识客观规律的反映,恰恰说明需要多做工作,反复实践,深化认识。拿"复杂"来说,东部渤海湾地区地下油层错综复杂,有人形容像个"破盘子",比大庆这种整装油田的地质情况当然要复杂得多,过去感到不好下手,油气储藏运移的规律不好掌握。这几年发展了先进的三维地震技术,学会了打定向斜井技术等,就感到有办法对付了。原来认为复杂的也可以变为相对简单,原来稳不住的通过挖潜和新层系的接替,就可以在相当长的时间稳住产量甚至还能增长。这个事实说明,随着科学技术的进步,人们认识客观世界的能力也会逐步增强,一些开发多年的老油田、老地区,还需要重新工作、重新认识,还大有潜力可挖。从石油部门看,在大体相同的科技水平下,为什么有些油田开发得好,有些油田搞得不那么好,有的油田对地下复杂情况长期认识不了,主要差距就在于是坚持辩证唯物主义的认识论,还是思想上存在着形而上学、主观主义。所以我们任何时候都必须坚持发展的观点,反对僵化的观点、停止的观点。只有这样,才能开阔视野,主动打进攻仗,石油工业才能持续向前发展。

三、坚持"具体问题具体分析"的观点

不同质的矛盾用不同质的方法来解决,不同的地质结构,不同的构造、油田,要采取不同的措施和方法,才能取得好的效果。石油地质有其普遍规律,我们要研究和学习这些规律,但更要研究中国的地质规律。而中国各个地区、各个沉积盆地又有各自的特殊规律,在一个地区的某几个构造上所取得的认识和经验,和盆地内其他构造也会有差别。因此,必须反对不从实际出发的生搬硬套,既不能抄书本、抄外国经验,也不能抄国内某个油田的固定模式。

大庆油田的广大技术干部和工人虚心学习国内外一切先进经验和技术,但30年来他们既不照抄外国某个油田的开发模式,又不照抄书本的现成结论,而是一切从油田的实际出发,因而才能创出一整套符合中国国情和大庆

油田特点的开发工艺技术，达到世界先进水平。

同样，其他地区的石油勘探开发，也不能照抄大庆勘探开发的模式。有的同志在大庆油田干得很出色，但到别的地区却施展不开了，问题可能是出在照抄大庆油田具体的开发模式上。大庆精神和基本经验是通用的，应该认真学习。但是大庆勘探开发的具体技术措施和工艺方法，就不一定适合其他油田。这些地区应该根据本地区的特点，研究适合自己的勘探开发工艺技术。例如，在渤海湾地区提出的"滚动勘探，滚动开发"的方针，就是针对这个地区多类型、多层次、多套油气藏的复杂情况和特殊规律而总结出来的一套可行办法，因而在实践中取得显著效果。

坚持具体问题具体分析，一定要从中国石油资源的实际出发，破除形形色色的悲观论点。20世纪50年代初，一些西方学者散布"中国贫油论"，就是用世界上一些国家陆相沉积没有找到大油田的事例，硬套中国地质情况，从而脱离中国实际得出的错误结论。进入到20世纪90年代的今天，西方某些人又做出预测，说中国在20世纪90年代中期，将有90%的用油要依靠进口，似乎中国石油很快就要枯竭，这种论断也是毫无根据的。从资源条件看，我国东部老油区还有很大潜力；西部作为战略接替的重点地区，勘探工作才开始展开；南方和海上还有待进一步勘察和发现。从工作量看，与石油储集条件和预测资源大体相似的美国相比，到1985年底，美国已累计钻井298.8万口，进尺31.8亿米；我国累计打井才7.2万口，进尺1.1亿米，我国目前勘探程度只相当于美国20世纪30年代中期的水平。我国石油勘探工作量如此之少，有待勘探的领域如此之多，怎么能谈得上石油条件枯竭呢？因此，我们必须立足于中国的实际，有一个正确的指导思想和部署。经过大量艰苦细致的工作，中国石油工业的发展肯定是大有希望、大有前途的。

四、充分发挥人的主观能动性，把认识世界和改造世界统一起来

在石油勘探开发中，发挥人的主观能动性极为重要。地下地质结构、生储油规律是客观存在，人们不能随意改变。但人们可以认识它，认识它是为了能动地改造它，使之达到预期的效果。大庆会战时提出"有条件要上，没有条件创造条件也要上"，这"创造"二字，就是要在客观可能的范围内，充分发挥人的主观能动性，努力去创造条件，进而改造客观世界。

要充分发挥人的主观能动性，必须发扬民主，全心全意依靠工人阶级。大庆会战以来一直坚持经常召开"三结合"会议，把技术方案一直捅到基层干部、技术人员和工人中，大家讨论，集思广益，这是最广泛的民主。事实说明，如果只靠少数几个领导干部和专家拍板，把工人群众丢在一边，即使技术水平再高，计划方案再好，也不能为群众所理解。群众不懂得为什么要这样干，怎么去干，再好的方案也会成为一纸空文。只有在广泛发扬民主的基础上，坚持走群众路线，制订出来的计划、方案才能变成工人自觉的行动，变成现实的生产力。这是认识世界、改造世界十分重要的一环。

发挥主观能动性，求得对客观规律性的正确认识必须坚持"三老四严"作风，把主观愿望和现实可能性结合起来。从石油工业情况看，要注意防止两种倾向：一种是超越现实的客观条件，超越勘探开发的科学程序，脱离油田的实际，想去勉强办那些一时还办不到的事情，其结果必然容易头脑发热，部署不当，欲速不达，给生产建设带来损失。另一种是思想落后于实际，对那些客观条件允许，经过努力可以办到的事情，却不积极去探索和追求，而是疑虑重重，畏难退缩，这也不可能，那也办不到，同样会丧失宝贵时机，使生产建设受到损失。搞石油是一门科学，科学问题来不得半点虚假，一定要老老实实，甘当小学生，力戒虚夸和骄傲，力戒华而不实的作风，在实事求是的前提下，大力提倡实干苦干，奋力拼搏，大力提倡严谨诚实的科学态度。

20世纪50年代，刘少奇同志在听取石油部汇报时指出：石油工业要正确处理人、机器和石头三者的关系。少奇同志的指示，正确分析了石油的特点，体现了辩证唯物主义精神。40年来石油工业的实践证明，我们只有依靠广大工人、技术人员和干部,充分发挥他们的主动性、积极性、创造性,运用马克思主义的认识论和方法论,掌握先进的科学技术和装备,才能有效地向地球开战,找出更多的油气来。这就要求我们努力学习马列主义、毛泽东思想,在职工中进行"两论"的再教育。要用马克思主义的认识论武装头脑,多一点唯物论和辩证法,少一点主观主义和形而上学,这样才能使挫折和弯路少一些,成果更大一些,为社会主义现代化建设做出新的贡献。

(摘自《康世恩论中国石油工业》)

智牵油龙建奇勋

——记大庆"新时期铁人"王启民

大庆、铁人,共和国历史上永远值得骄傲的名字。

当年,王进喜让地球也要"抖三抖"的一声吼,把中国贫油的帽子甩到了太平洋。

20世纪70年代,大庆原油年产量突破5000万吨,跨入世界特大油田行列,而后持续高产稳产20年,创造了世界油田开发史上的奇迹。去年7月,李鹏总理来到大庆,听到这个奇迹能够保持到2010年,高兴地说:"如果这个目标能够实现,我给你们四个字——'功德无量'。"

原油的高产稳产,凝结着几代油田职工的心血,也烘托出了他们中间的杰出代表——王启民。这位现任大庆石油勘探开发研究院院长的高级知识分子,从油田开发初期到如今,先后主持了38项重大专题研究和试验任务,取得成果38项,对原油的高产稳产做出了卓越贡献,被大庆誉为"新时期铁人"。

一

实践求真知,敢为天下先。凭着这股精神,王启民和他的同事们创造了一个又一个奇迹。

大庆,这个20世纪60年代震惊世界的地方,由于地质情况异常复杂,开采过程一波三折。

油田从一开始就是注水开发，采用国际上通用的"温和注水，均衡开采"。可是，到了1964年，出现了"注水三年，水淹一半，采出程度5%"的严重局面。按如此含水上升速度，大庆，这个举世瞩目的大油田的开发效果就会很差。

油田开发面临着严峻考验。

这是王启民从北京石油学院毕业，来到大庆的第三年。"天当房地当床，棉衣当被草当墙，野菜包子黄花汤，一杯盐水分外香，五两三餐保会战，为革命吃苦心欢畅。"大庆工作生活条件艰苦，因整天吃住在水泡旁的涝洼地里，王启民此时已落下终生不愈的类风湿强直性脊椎炎，瘦弱的身躯微微佝偻着，然而，与每一个奋斗在荒原上的大庆人一样，他心中激荡着一腔报国宏愿。当时，上上下下都在学习毛泽东的《矛盾论》和《实践论》，王启民学得深学得透，他用"两论"的方法观察研究注水开发，形成了与西方传统理论不同的独到见解。此刻，他不顾人微言轻，站出来发表了自己的见解。他认为，大庆油田油层多，且厚薄层的渗透率相差极大，呈典型的非均质状态。我们要利用油层与油层之间，同一油层的不同部位的非均质特点，因势利导，逐步化解，转移接替，才能保证油井高产。

王启民这番见解意义非凡，局领导马上表态："你'两论'学得好，讲得很有道理，要快拿出证据。你带个小组，大胆地试一试。"

王启民和另外两个同志选了一口含水已达60%的油井进行实验，结果，油井日产量由原来的30多吨增加到60多吨，而含水则保持稳定。油田推广了他们的经验，一批日产百吨的高产井诞生了，一条中国自己的注水开发油田的新路子被趟出来了。

王启民说："当年我们这些毛头小子夸言'跨过洋人头，敢为天下先'，确实始终是我们这一代大庆知识分子身上激荡的精神。""非均质"理论后来成为大庆油田开发的具有指导意义的理论，其经典性和现实意义都是无可替代的；"因势利导，逐步化解，转移接替"的开采方式，不但控制了含水上升，而且最终使原油产量攀上了5000万吨的高峰。在国家最需要石油维持国民经济的1966年至1967年间，王启民等人根据"非均质"理论推进了

"转移接替"开采方式，使大庆油田的原油产量在1976年达到5030万吨，跃入世界特大型油田行列，王启民也由此在1978年获得首次全国科技大会奖。

王启民与大庆油田共同迈向辉煌的高峰。

二

"什么时候精神都不能趴下。咬牙挺过来，人生和科研都会出现新天地。"为实现理想，王启民无数次含笑负重。

1984年，已担任油田勘探开发研究院副总地质师的王启民，又受命承担大庆油田1986—1995年的第二个5000万吨稳产10年的规划方案编制任务。石油工业的血液，经济的命脉，根据国民经济发展的需要，国家要求，这个10年年产5500万吨不能降。

从哪里寻找稳产的突破口呢？从此，王启民办公桌上多了两块特殊的岩心，胶结致密，渗透性差，像煤矿中的矸石，它们来自特殊的储层。这类一般在20厘米以下的油层被认为没有开采价值，没有被列入国家矿藏储量表内，称为表外储层。这种表外储层在大庆油田十分发育，每口井都有，每个油层都有，单个看微不足道，但加在一起却很肥。如果开采出来，等于为国家又找到了一个大油田。

科学研究也需要丰富的想象力。依据原油多是异地生油层运移过来的原理，王启民提出用水驱的办法加上其他工艺，是能够把它采出来的。

说干就干，在油田领导的支持下，1984年末，王启民打下了三口试验井，然而，等待他的却是有生以来的第一次失败：三口井全部报废，直接经济损失300万元。王启民心情沉重了好久。但是，形势严峻，没有退路，1986年，在局领导的支持下，制订了更为详细的计划，王启民等又冲上了一线。

他们在南部开辟了一个小型实验区，共部署了19口油井，终于取得了第一步的成功。

1988年，他又带领实验组选择了最差的油层——含钙表外储层，去冲击目前开采界限以下禁区中的禁区，进行"敲骨吸髓"式的开发。他们采用节约高效的新式布井方法，突破了禁区，使表外储层不能开采成为历史。

为了这一天，王启民不知道咬了多少次牙。他有个绰号叫"王罗锅"，多少年来，他的腰就没有直过，有时疼得钻心，他就数着天上的星星挺过去。为了这一天，王启民和他的战友们整整奋斗了7年，解剖、研究了1500多口井。

开采表外储层禁区的突破，不但为大庆原油稳产5000万吨提供了保证，而且具有重大经济价值。经反复测算，表外储层储量达7亿多吨，开采出来可为国家增加2000亿多亿元财富。

三

"为国争光，为中国人争气"的强烈愿望和民族意识是王启民等大庆知识分子工作时最真情的流露和永恒的动力，无论什么时候，大庆人心中装的最多的是国家。

在国家、民族这个问题上，大庆人有最沉重的感情负担和深切的责任感。

进入20世纪90年代，大庆油田全面进入高含水开发阶段。这时，如果沿用世界上采用的"提液稳油"的办法，年产液量将激增1.62亿吨，这会大大降低生产效益。

可是，大庆必须稳产，这是关系到国民经济发展大局的问题——每一个大庆人心中都能掂出它的分量。

国家领导人找到了大庆的领导，大庆石油管理局的领导又找到了王启民："能不能稳产?"目光中露出焦灼和期盼。作为油田"活地图"和"活字典"的王启民，心中早有一本账，他点点头，并拿出了一张绘制好的油田高含水后移5年地图表。

稳油控水——作为重大战略方针，在1991年被提出来。这一巨大系统工程，将涉及以沉积相为重点的精细地质描述和可采储量预测等一系列配套技术及上百个攻关课题。全油田几万名科技人员和广大职工的积极性都被调动起来。

王启民的脑袋里装的都是如何"稳油"，怎样"控水"。一次，春节搞晚会，院里排话剧，缺一个院长的角色，同志们让他去演。可是，王启民忘记了角色真的当起了院长，在台上大讲"稳油控水"。开始时同志们不知怎么回事，反应过来后开怀大笑，笑他们痴迷的院长。

经过集思广益和严格论证，王启民提出了"三分一优"的具体做法和调整原则。这样就打破了油田高含水后期要实现稳产必须大幅度提液的传统观念，使"稳油控水"有了可行的操作性。中国石油天然气总公司总经理王涛闻讯来到大庆，看到他们把每年含水上升率控制在1%以内，高兴地说："我要给你们做个磨盘大的金质奖章！"

到1995年底，"稳油控水"获得巨大成功，与国家审定的"八五"油田开发指标相比，5年累计多产原油610.6万吨，累计增收节支150亿元。这标志着大庆人又攀上了一个新的油田开发的世界高峰，因为世界上同类油田高产稳产的最长年限仅为12年。

1996年，5000万吨以上稳产第三个10年的战役拉开了序幕。这一年8月，王启民担任了大庆石油勘探开发研究院院长，带领全院科技人员为实现"功德无量"的油田二次创业目标而继续拼搏。现在全油田正在广泛开展向"新时期铁人"王启民学习的热潮。大庆石油管理局命名王启民为"新时期铁人"，并号召全油田向他学习。

王启民说："大庆油田的科技开发是一个系统工程，不是一个人的力量所能完成的。我的作用太微不足道了。"确实，面对弓着腰瘦弱的王启民，你很难把他与大庆的辉煌历史联系在一起。可是，你透过深夜的灯光看着王启民忙个不停的身影，就会觉得正是这星星点点的灯光终于汇成巨大的能量，让世界震惊，让中国骄傲。

(出自《人民日报》1997年1月12日)

当好标杆旗帜　建设百年油田

新世纪新阶段大庆油田思想政治工作调研报告

为落实长春同志、云山同志重要批示,总结宣传新世纪新阶段大庆油田思想政治工作经验,由中宣部、国资委牵头,组织中国政研会、人民日报、新华社、中国石油、清华大学等单位人员成立调研组,于3月20日至29日赴中国石油大庆油田开展调研。其间,听取了大庆油田关于生产经营情况和思想政治工作专题报告,深入1205钻井队等19个基层单位实地考察,分别召开领导干部、政工干部、劳动模范、科技人员、一线职工、老职工等14个座谈会,与200多人进行访谈。通过调研,我们深切感到,党的十六大以来,大庆油田坚持以邓小平理论和"三个代表"重要思想为指导,全面贯彻落实科学发展观,紧密结合企业发展实际,充分发挥思想政治工作优势,大力弘扬大庆精神和铁人精神,并赋予新的时代内涵,创造了新的历史条件下,重视思想政治工作促进油田科学发展、和谐发展的新鲜经验。现将有关情况报告如下。

一、新世纪新阶段,大庆油田思想政治工作面临的新形势新机遇新挑战

大庆油田是我国最大油田,国民经济重要支柱企业,工业战线一面旗帜。大庆油田自1959年发现,走过了47年非凡发展历程。累计生产原油19.1亿吨,占全国同期陆上原油总产量的40%以上。从1976年开始实现年产原油5000万吨连续27年高产稳产,创造了世界同类油田开发史上的奇迹;以领先世界的开发技术实现主力油田采收率突破50%,比国内外同类油田高出10~15百分点;累计上缴税费9734亿元,连续7年位居我国纳税百强企业之首。2006年油气当量4535.9万吨,收入2258亿元,税费832亿元。这些成就的取得,在于党中央亲切关怀和坚强领导;在于全国人民大力

支持；在于干部职工发扬大庆精神铁人精神，顽强拼搏、为国奉献；也在于思想政治工作始终贯穿于油田开发建设的全过程，发挥了不可替代的重要作用。新世纪新阶段，大庆油田进入新的发展时期，同其他国有企业一样，面临着许多新机遇、新挑战，给思想政治工作提出了新任务、新要求。概括起来，主要有以下几方面。

1.党的理论创新不断推进，国家实施新的能源战略，一系列改革发展措施出台，学习贯彻党的理论、路线、方针、政策的任务更加繁重，对思想政治工作提出了新的挑战。十六大以来，我们党提出科学发展观、构建社会主义和谐社会等一系列重大战略思想，为全面建设小康社会提供了新的理论指导，也为油田改革发展提供了新的思想武器。面对能源消费日益增长和国际竞争日趋激烈，国家做出稳定东部、发展西部、油气并举、实施"走出去"战略的决策部署，大庆油田作为我国重要石油生产基地，多开发资源、多生产油气，是保证国家安全、支持国家建设的政治使命，也是实现自身发展的内在要求。如何引导干部职工学习运用马克思主义中国化最新成果，深刻领会中央精神，增强贯彻国家能源发展新战略的自觉性，成为油田思想政治工作面临的新任务、新要求。

2.大庆油田进入"双高"开采阶段，后备资源不足，开发难度增大，需要坚定干部职工信心，积极推进科技创新，实现油田又好又快发展，对思想政治工作提出了新的挑战。经过40多年的开发，大庆油田主力油田综合含水高达90%，油田可采储量的采出程度高达80%。2003年，原油产量首次调至5000万吨以下。这一调整符合油田开发的自然规律，但却给一直追求稳产高产、具有强烈使命感的大庆人带来前所未有的压力。少部分干部职工对油田现状感到迷茫，对发展前途感到困惑。外界关于"油尽城衰""第二个巴库"的议论也接踵而至。是在产量递减中观望等待、扼腕叹息，还是在有序调整中攻坚克难、勇往直前？油田上下普遍关注。如何引导干部职工正确认识形势，解放思想、转变观念，抓住新机遇、再创新辉煌，成为油田思想政治工作面临的新任务、新要求。

3.大庆油田重组改制引起利益格局调整和管理方式变革，协调好各类职工群体的利益关系，深化改革、维护稳定，对思想政治工作提出了新的挑战。2000年，大庆油田按照中国石油整体改革方案进行重组改制，油气生产主业与工程技术服务分开运行，建立现代企业制度。油田体制由一统化变成专业化；生产运行由指标分配变成合同管理；干部任用由任命制变成选聘制；企业用工由统招统分变成市场招聘、由终身制变成合同制。利益格局的调整和管理方式的变革，给干部职工思想和心理造成强烈冲击和震撼。大庆虽然1983年政企分开，但长期实行的政企合一体制，使油田一直承担着大量社会职能和社会责任。2002年上半年，发生部分有偿解除劳动合同人员集体上访，"会战家属"要待遇、技校毕业生要就业等上访事件。如何协调各方面利益关系，引导干部职工理解改革、支持改革、参与改革，创建和谐企业、和谐地企关系，成为油田思想政治工作面临的新任务、新要求。

4. 大庆油田贯彻国家"走出去"战略，开发新资源、占领新市场，怎样"走得好""站得住""打得赢"，树立企业良好形象，对思想政治工作提出了新的挑战。由于长期受计划经济影响，少数干部职工对"走出去"存在畏难情绪，有的干部职工素质与"走出去"不相适应。随着对外市场扩大，一些干部职工远离家庭、远离大庆，条件艰苦，生活单调。进入苏丹、伊朗、蒙古等国际市场的"海外兵团"，要面对远离祖国和亲人带来的孤独寂寞，还要面对当地政治动荡带来的生命威胁，恶劣自然条件带来的生产艰难，陌生文化环境带来的沟通障碍。如何适应市场开发要求，从物质、精神、思想、感情等方面关心驻外干部职工，引导他们强化竞争意识和开拓能力，展示崭新精神风貌，成为油田思想政治工作面临的新任务、新要求。

5. 大庆油田职工队伍规模大、分布广，利益群体多、构成复杂，思想观念深刻变化，另一方面新兴媒体大量渗入、企业文化建设方兴未艾，对思想政治工作提出了新的挑战。油田有22万在职职工，7万多有偿解除劳动合同人员、近5万离退休人员和3万多退养家属，还有大量家属工、农民工等。在岗职工不仅隶属于5000多个基层单位，分布于6000多平方公里油区，涉及钻井、采油等 180 多个工种，而且有 300 多支工程技术服务队遍布国内 24 个省区市和 15 个国家。特别是职工队伍代际交替，职工求知、求美、求乐需求日益增长，成才成功愿望日趋强烈。企业文化建设蓬勃兴起，传统媒体和新兴传媒广泛普及，对人们思想影响越来越大。如何结合企业文化建设，引导干部职工形成共同理想信念，让大庆精神铁人精神代代相传，成为油田思想政治工作面临的新任务、新要求。

二、大庆油田加强和改进思想政治工作的重要举措

面对新形势、新机遇、新挑战，大庆油田坚持科学发展、和谐发展，以加强党对企业的政治领导为根本，以服务改革、发展、稳定为己任，以弘扬大庆精神铁人精神为旗帜，以创新管理理念、建设企业文化为载体，以抓好基层、打牢基础、形成机制为保障，采取"八项"重要措施，开创思想政治工作的新局面。

1. 紧紧围绕履行政治责任、经济责任、社会责任，切实加强党对企业的政治领导，确保大庆油田沿着中央指引的方向健康发展。大庆油田始终认为，大庆是党的大庆，国家的大庆，人民的大庆。油田过去的辉煌，在于坚持党的政治领导，再创新的辉煌，仍然需要加强党对企业的政治领导。把用马克思主义中国化最新成果武装干部职工头脑作为思想政治工作的首要任务。认真组织学习邓小平理论、"三个代表"重要思想和科学发展观，油田上下形成理论学习热潮。着重抓好领导干部培训，仅"落实科学发展观，推进企业持续发展"这一专题，就举办培训班 15 期，轮训处级以上领导干部 1500 多人次。集中开展党员先进性教育，推进党的先进性建设。各级领导干部带头学习、带头评议、带头整改；组织"发扬大庆精神铁人精神，永葆先进性，争当二次创业先锋"实践活动；建立党员"长期受教育、永葆先进性"长效机制，职工满意率达 99.67%。2006 年，大庆油田被中组部等部门评为"四好班子"。依靠职工群众办企业，严格实行职代会和厂务公开制度。每年定期召开职工代表大会，讨论审议油田改革发展和关系职工切身利益的重大事项。领导干部公开竞聘，职工代表参加信任投票。凡关系企业改革发展的重大问题、经营管理的重点问题、涉及职工利益的热点问题、党风廉政建设的关键问题必须公开，并从一般问题公开向特殊问题公开、从结果公开向过程公开延伸。2006年，评为全国厂务公开民主管理先进单位。强有力的政治领导，保证了大庆油田在思想上、政治上、行动上始终同以胡锦涛同志为总书记的党中央保持高度一致。

  2. 紧紧围绕资源型企业可持续发展，制订"创建百年油田，搞好二次创业"的发展战略，振奋人心、鼓舞士气。大庆油田始终认为，能否持续发展、怎样持续发展，关系干部职工信心，关系大庆地区繁荣，关系国家能源安全，关系子孙后代根本利益。他们把持续有效发展作为党和人民交给的政治任务来抓，提出"创建百年油田，搞好二次创业"发展战略。把科学发展观运用到油田发展规划和发展实践。分析研究资源现状，挖掘有利条件，寻找新的增长点，研究制定了"创建百年油田，搞好二次创业"发展战略、《创建百年油田发展规划》和《二次创业指导纲要》，为油田描绘了美好的发展前景。明确提出把油田打造成以本土勘探开发为基础，以海外业务为补充，以优势技术、一流人才、先进文化为支撑，具有强劲竞争力、成长力、生命力的百年企业。到2060年，油气当量保持2000万~2500万吨，实现资源型企业向综合型企业的根本跨越。组织"形势、任务、目标、责任"教育。领导干部带头宣讲形势任务、发展战略、实现宏伟目标面临的有利条件和不利因素、企业发展与职工发展的关系，增强干部职工的责任感、使命感、紧迫感和自信心。利用油田报纸、广播、电视、网络等媒体广泛宣传，使新的发展战略家喻户晓、深入人心。持续开展系列主题年活动。2001年以来，先后组织"企业管理年""成本效益年""推进发展年""市场拓展年""打造优势年""企业创新年"等6个主题年活动，动员干部职工投身"创建百年油田，搞好二次创业"的实践。

  3. 紧紧围绕构建和谐企业，着力协调不同群体的利益关系，维护社会和油田改革发展稳定的大局。大庆油田始终认为，保持油田稳定关系国家大局，关系企业长远发展，关系职工切身利益。他们努力把握改革、发展、稳定的辩证关系，一手抓发展，一手抓稳定，"改革发展坚定不移，稳定工作深入细致"。建立维护稳定工作机制。专门成立油田稳定工作协调服务中心，与离退休职工管理中心、信访办和综治办3个系统一起构成主渠道，以7个稳定工作督查小组为触角，延伸到基层站队、辐射到车间班组，工作责任落实到人。建立"一帮一"动态跟踪卡、便民联系卡，每个党员固定帮扶对象，有针对性地做好工作。确定"激励在职职工，体贴下岗同志，照顾离退休人员，关心退养家属，帮扶特困家庭"工作思路。对在职职工免费体检、带薪休假，为基层站队配备空调、电视、电冰箱和消毒柜，改善工作条件，丰富文化生活。对有偿解除劳动合同人员，实施"一帮一再就业"工程，使44810人实现再就业，占有就业愿望和就业能力人员的90%以上。对困难职工和家庭，实施"送温暖工程"，5年共走访慰问帮扶各类人员40多万人次，发放送温暖基金和帮扶资金2.4亿元。对离退休人员，确保其生活待遇、政治待遇落实率达到100%。对退养家属，在政策允许范围内，千方百计疏通渠道，提高生活补贴标准。加强政策法规教育，解疑释惑，理顺情绪。采取电视问答、开辟报纸专栏、印制《法律法规摘编》、编写宣传提纲等形式，宣传阐释国家就业政策、信访条例、治安条例等。认真培训从事稳定工作的人员，提高他们宣传政策、解释法规的能力，保证把政策讲透、道理讲清、法律讲准，引导干部职工增强法律意识，通过合理合法方式表达利益诉求。

4.紧紧围绕培养和造就"铁人式"职工队伍，大力弘扬大庆精神铁人精神，使干部职工始终保持昂扬向上、奋发进取的精神状态。大庆油田始终认为，大庆精神铁人精神集中体现着民族精神和时代精神，是油田发展的强大动力。他们把弘扬大庆精神铁人精神作为主线，采取有效措施，用会战时期形成的光荣传统铸魂育人。大力传承以"爱国、创业、求实、奉献"为主要内容的大庆精神铁人精神。唱响"我为祖国献石油"的时代主旋律，继承"三老四严""四个一样"的优良作风，发扬"石油工人一声吼，地球也要抖三抖""有条件要上，没有条件创造条件也要上"的英雄气概，保证大庆人政治本色不变、优良传统不丢、奋斗精神不减。深入开展大庆精神铁人精神的再教育。把大庆精神铁人精神教育作为职工入厂、入党、入团教育和职工培训的重要内容，作为文明单位升级考评、"四好"领导班子考核、优秀职工评选的重要条件。特别是抓住铁人王进喜诞辰、逝世纪念日等时机，开展形式多样的宣传教育活动。2003年是铁人80周年诞辰，他们组织历时40多天的"发扬大庆精神铁人精神"巡回报告活动；360多场次的"铁人杯"企业文化知识竞赛；7万多团员青年参观铁人纪念馆，使广大干部职工接受了一次大庆精神铁人精神的再教育。广泛传播大庆精神铁人精神。建设完善铁人王进喜纪念馆、大庆油田历史陈列馆、1205钻井队等近百个教育基地。命名铁人广场、铁人小学、铁人中学、铁人大桥、铁人大道等。创作生产一大批以大庆精神和铁人精神为题材的图书、画册、电影、电视剧、话剧、歌曲等文艺作品。在大庆油田，干部职工随时随地都能够听到铁人的名字，看到铁人的形象，受到铁人的熏陶。

5. 紧紧围绕提升油田管理水平，扎实推进企业文化建设，创新思想政治工作载体。大庆油田始终认为，企业文化建设是深化企业管理的重要手段，也是加强改进思想政治工作的有效途径。他们紧密结合企业文化建设，推动思想政治工作的创新发展。把企业文化建设纳入油田发展总体战略。以5年为一个周期，制定具体规划，经过职代会审议通过，使之具有强制性和约束性。成立企业文化建设委员会，党政一把手为第一责任人；设立企业文化部，负责日常工作；设立专项基金，纳入油田年度预算。推动企业理念创新和职工行为养成。以大庆精神铁人精神为核心，积极注入反映时代特点和市场经济规律的竞争意识、诚信意识、开放意识、创新意识、法治意识，先后提出"大庆油田，为祖国加油"的价值理念、"为市场提供最好服务，为企业创造最佳效益"的经营理念、"用大庆精神保证质量，以'三老四严'取信用户"的质量理念、"付出一万的努力，防止万一的发生"的安全理念、"资源有限、科技无限"的科技理念、"发展的企业为人才发展提供广阔平台，发展的人才为企业发展创造无限空间"的人才理念等。基层单位也纷纷提炼各具特色的箴言、警句、心语、座右铭，并把这些理念贯穿于生产流程的各个环节，体现在企业管理制度的各个方面，转化为干部职工的自觉行动。完善文化设施，满足职工群众精神文化需求。近年来，新建改建35个文化广场，278个图书馆和基层文化站、1244个体育场所，每个住宅小区都建有娱乐健身设施。先后举办大型文体活动139场，110多万人次参与，营造浓厚的文化氛围，陶冶职工情操，增强企业凝聚力。

6. 紧紧围绕激发职工积极性、创造性，持续开展评先选优活动，营造尊重劳动、尊重知识、尊重人才、尊重创造的浓厚氛围。大庆油田始终认为，油田的现代化要从职工的现代化抓起。他们把企业对人才的需求同职工实现自我价值有机结合起来，激励职工岗位成才、建功立业、创造一流。总结推广"四个不一样"新理念。新世纪，采油一厂二矿提出"素质高低使用不一样，管理好坏待遇不一样，技能强弱岗位不一样，贡献大小薪酬不一样"，油田及时给予总结推广，引导干部职工树立竞争制胜、绩效优先意识，形成劳动光荣、知识崇高、人才宝贵、创造伟大的正确导向。隆重表彰评选英模人物。评前有推荐机制，评中有监督机制，评后有推广机制。"共产党员标兵""功勋职工""管理明星""巾帼建功标兵""十大杰出青年"，近3年共表彰英模人物5668人。重奖有突出贡献的科技人员。新时期"五大标兵"、钻井专家张书瑞，潜心钻井研究，解决深井钻井提速的重大难题，得到奖励30万元。采油二厂采油工王春荣，创造的"五字热洗法"，使全队46口井平均检泵周期延长767天，被厂命名为"王春荣热洗法"。打造学习型团队、培育知识型职工。实施能力关怀，建立从普通技术人员到技术专家、资深专家的科技人员六级成长通道，从技术能手、助理技师到技师、高级技师的操作人员四级成长通道。组织技术比武、技术能手评比等活动。几年来，评出小发明、小革新、小改造、小建议、小设计等"五小"成果16773项，累计创效3亿多元。

7. 紧紧围绕夯实企业发展根基，全面加强"三基"工作，促进油田改革发展稳定的各项工作落到实处。大庆油田始终认为，基础不牢，地动山摇。他们把抓基层、打基础作为重点，切实做好以党支部为核心的基层建设、以岗位责任制为中心的基础工作、以岗位练兵为内容的基本功训练。把党支部打造成坚强的战斗堡垒。按照"党政组织同步建立，党政干部同步配备，党政制度同步制定，党政工作同步考核"的"四个同步"原则，油田5400多个基层队全部建立了党支部。开展支部建设好、领导班子好、队伍素质好、经营管理好、文化氛围好、环境建设好"六好"创建活动，命名"基层建设十面红旗"和"十大标杆单位"。已有90%以上基层站、队通过"六好"考核验收。从完善岗位责任制入手加强基础工作。修订《服务承诺制》《首问负责制》《责任追究制》《限时办结制》《关键岗位工作手册》等制度，重新编制6000多个管理流程，完善岗位职责和标准。职工普遍签订岗位责任书，明确职责要求、考核标准和奖罚办法。广泛开展岗位练兵和技能培训。以岗位练兵为重点，推出"千问不倒、百炼成金""模拟事故、模拟操作""自己给自己讲课"等活动，把班组变成"岗位技校"。以高级人才培训中心、技术培训中心为主，以特殊专业及工种培训基地为辅，加大培训力度。几年来，举办培训班1680余期，培训管理、技术人才11.7万人次，职工培训率达95%以上。

8.紧紧围绕长效机制建设，构建党政工团齐抓共管的"大政工"格局，实现思想政治工作经常化、科学化、制度化。大庆油田始终认为，加强改进思想政治工作，关键是建立健全长效机制和保障体系。建立科学合理、运转顺畅的领导体制。实行领导班子成员交叉任职制，二级单位厂长、经理全部兼任党委副书记，部分单位党委书记兼任行政副职，政工干部和业务干部实行不定期交流、交换。坚持一岗双责制，各级领导干部均承担思想工作与经济工作双重责任，党政主要领导共签一份业绩合同，年度述职把思想政治工作作为重要内容，任务执行情况作为干部考核使用的重要依据。加快复合型政工队伍建设。自上而下建立政工干部培训制度，把政治素质、业务能力、管理知识和改革政策等纳入培训内容，代训、轮训、调训多种培训方式交替运用，每年政工干部培训率达 90% 以上。政工干部与行政干部一样评定职称、一样评选先进、一样提拔任用、一样薪酬待遇。目前，油田有 6000 多名专职政工干部，占职工总数的 3%，大专以上学历的占 80% 以上，教授级高级政工师 19 人，高级政工师 589 人，政工师 2449 人，助理政工师 2728 人。完善思想政治工作各项制度。健全完善党委中心组学习、职工政治学习、干部职工谈心、政工干部职称评定等 20 多项制度。大庆油田已构筑起党委统一领导，党政工团齐抓共管，职能部门分工协作，领导干部"一岗双责"，党团员、班组长和模范人物积极参与，面向生产经营、覆盖全体职工的思想政治工作体系。

三、大庆油田加强和改进思想政治工作的基本做法

为把思想政治工作的各项任务落到实处，大庆油田坚持从实际出发，从细节抓起，教育不断线，方法不呆板、继承不守旧、创新不丢根，积累和创造了独具油田特色、体现时代潮流的"十种"基本做法。

1. "带着问题学，找到答案干"，用知行统一检验理论学习效果。发扬理论联系实际的学风，坚持数十年理论学习日"可串不可占"。他们采取"学习过程弹性控制、学习效果刚性考核"的做法，通过述学、评学、考学的机制，推动学用结合、学以致用。针对勘探开发进入重要水源地、自然保护区等环境敏感地带，大庆油田自觉践行科学发展观。2004 年，先后否决扎龙湿地自然保护区多个勘探开发设计方案；2005 年，钻井工人含着眼泪，一次性封停可能对松花江造成污染的 113 口油水井。

2. "贯穿主线，频道不换"，用主题教育推动改革发展实践。"形势、目标、任务、责任"主题教育，年年坚持，步步深入，常抓不懈。2003 年，针对原油产量调减带给干部职工的疑虑与困惑，他们集中 6 个月时间开展"解放思想、谋划发展"大讨论，动员干部职工在挑战中找机遇、在困难中找潜力，把握国家重视能源工业发展、推进东北老工业基地振兴、建设跨国企业集团、地企关系和谐稳定"四大机遇"，认清资源、科技、管理、人才、市场、政策"六大潜力"，统一思想，凝聚力量。

3."智慧源于群众，创造来自基层"，用先进理念引领职工行为。尊重群众的首创精神，及时提炼推广基层创造的企业理念。如钻井系统提出的"用铁人精神钻进每一天"；采油系统提出的"油田采收率最高，管理水平最好"；作业系统提出的"留下作业人的真诚，带走采油工的烦恼"；测试系统提出的"测试的是油井，检验的是人品"；科研系统提出的"解放思想无止境，挑战极限无禁区"；后勤服务系统提出的"一人像百人，百人像一人"等理念，都源于职工、来自基层，内容鲜活、言简意赅，为干部职工所理解、所接受、所践行。

4."说一千道一万，不如做给职工看"，用领导表率带动职工群众。领导干部以身作则、率先垂范，做"大庆精神传承人、持续发展带头人、职工群众贴心人"。在大庆油田，思想观念最解放，走在市场开发最前沿的是领导干部；抗洪抢险第一线，连续奋战几天几夜的是领导干部；抗震救灾中，冒着余震威胁，保护群众、稳定局面、组织恢复生产的还是领导干部。2004年，在升深2气井随时可能爆炸的危急关头，油田领导带头签下生死状，负责施工的井下107队组成干部、党员敢死队，登上80℃高温的井口成功封堵，特聘专家动情地说："真像战场一样让人心颤，不愧是大庆的铁军！"

5."评比选树立标杆，人人身边有样板"，用典型示范领跑队伍。抓典型、树样板，营造"有排头就站、有红旗就扛"崇尚先进的浓厚氛围。典型时时有，从铁人王进喜到新时期铁人王启民，从会战时期"五面红旗"到新时期"五面红旗""五大标兵"，不同时期有不同时期的典型；典型处处有，科研有科研的典型，管理有管理的典型，闯市场有闯市场的典型，干部工人、机关基层都有典型。千方百计让典型"响"起来，通过媒体宣传、报告会、演讲会、文艺作品和典型挂历、劳模灯箱等，大张旗鼓地宣传典型事迹；让典型"香"起来，除对先进人物命名表彰外，在疗养休假、入党晋级、培训深造等方面予以优先；让典型"亮"起来，在重要岗位和关键时刻重视发挥典型的作用，成为队伍中的领跑者。

6."身边人讲身边事，身边事感动身边人"，用自我教育激发职工内在动力。引导干部职工走到台前、走近大家，讲会战时期的故事，回忆光荣传统；讲先进典型的故事，对比先进找差距；讲身边的人、身边的事，发掘每个人身上的闪光点。"铁人"生前所在的钢铁1205钻井队"人人讲队史，人人忆传统，人人保本色"。2006年初到苏丹钻井，他们克服条件艰险、地质复杂、环境恶劣的严峻困难，钻井队6人用6天就完成设备清关，连续10多天每天工作12小时安装设备，17天就成功交出第一口优质探井，赢得了外方高度称赞，使铁人的旗帜飘扬海外。在大庆油田，像这样广为传诵的感人故事，有文字记载的34万多个。

7."把小事看大，把大事抓透"，用案例剖析解决思想问题。透过现象看本质，透过行为看思想，通过"解剖麻雀"，解决倾向性问题。供水公司西水源站抓住雕塑底座一小块瓷砖脱落一周无人察觉这件小事，组织全站职工深入查找工作作风丢了什么，工作标准差了什么，促使职工队伍保持严字当头、精益求精的过硬作风。1998年，按照"样板起步、样板施工、样板管理"要求建设的中十六联，投产之初却暴露出许多质量问题；2001年冬，东湖小区十几栋住宅楼刚刚建成就管线冻结，只得靠消防车送水。油田领导敏锐地意识到，造成这些问题表面上是管理粗放不到位，实质上是工作作风不过硬，问题出在质量上，根子源自思想上。他们在油田上下开展查摆"中十六联现象"和"东湖现象"大讨论，使干部职工认识到，"谁丢了大庆本色，谁就是历史罪人"。经过严格整改后，2003年，中十六联被中国石油授予"百面红旗单位"，东湖小区被评为全国物业管理模范小区。

8."企业以人为本，人以企业为家"，用人文关怀凝聚职工。心系职工、情牵职工，搭建企业与职工的情感通道。"六清楚六必访"，实施亲情关怀，对每一名职工的性格特征、身体状况、思想情绪、技能特长、工作状态、家庭情况清楚，职工生病、家属探亲、家庭纠纷、遇到困难、逢年过节、婚丧嫁娶必访。"关心职工的健康从职工健康时开始"，实施健康关怀，职工带薪休假疗养，定期免费体检。开办职工"心理减压室"，内设谈心茶座、减压沙袋，举办讲座和咨询，进行心理疏导。"不让一名职工看不起病，不让一名职工子女上不起学，不让一名职工家庭生活得不到保障"，实施困难职工帮扶工程，建立"互助联储"基金和"送温暖"基金。"企业对职工付出真情，职工对企业回报真爱"。老工人李向阳，直肠癌手术后六次化疗，每次病情稍加稳定就上班，先后整理出100多个生产诀窍。他说："我的时间可能不多了，多活一天就要为油田多做点事。"

9. "聚是一团火，散是满天星"，用创建活动推进党支部建设。开展"选配一个好书记、建设一个好班子、带出一支好队伍、完善一套好制度、构建一个好机制、创造一流工作业绩""六个一"创建活动，让每个党支部成为一团火焰，把职工凝聚成火热的集体；让每一名党员成为一颗星星，在工作岗位上闪闪发光。在创建活动中，他们推行ABC分类管理法，把党支部工作内容细化、量化为9类40项指标，定期组织考核。目前，90%以上党支部达到"六个一"标准。2005年3月27日深夜，一场20年一遇的暴风雪突袭大庆油田，2万多口油井停产。1万多名党员冒风雪连夜赶到现场抗灾抢险，仅用79小时就全部恢复生产。

10. "网络连一线，报纸送万家"，用现代传媒扩大思想教育覆盖。利用报纸、广播、电视和局域网等多种渠道，开展宣传教育。依托覆盖6000多平方公里油区的企业网，开办"网络直通车"，把各种信息直接传递到一线队站和井点，职工在单位，可以通过网络了解国家和油田的大事小情；在上下班路上，可以通过通勤车上的"流动课堂"，听讲座、学知识、看专题片。在家里，职工可以阅读免费赠送的《大庆油田报》。17万份报纸赠送到17万户家庭，相当于17万名政工干部，走进千家万户。

四、大庆油田加强和改进思想政治工作的重要启示

大庆油田的生动实践，为新的历史条件下，加强和改进国有企业思想政治工作，提供了"六点"深刻启示。

1. 必须深刻认识党的思想政治工作在国有企业中不可动摇的地位和不可

替代的作用，真正做到头脑清醒、立场坚定、旗帜鲜明。大庆油田的实践表明，加强改进国有企业思想政治工作，是认识解决国有企业改革发展和生产经营相信谁、依靠谁、为了谁、满足谁的大问题，是保证国有企业在改革开放和现代化建设全局中全面履行政治责任、经济责任、社会责任的大问题，是巩固党的执政基础、执政能力、执政地位的大问题，对于学习贯彻邓小平理论、"三个代表"重要思想和科学发展观，调动和保护干部职工的主动性、积极性、创造性，确保国有企业沿着中国特色社会主义方向发展，维护改革发展稳定的大局、构建社会主义和谐社会，具有十分重要的作用。在新的历史条件下，国有企业思想政治工作只能加强、不能削弱，只能改进、不能改调，只能创新、不能取代。

2. 必须始终坚持以马克思主义中国化的最新成果为统领，真正做到与实际相符合、与时代同步伐、与实践共发展。大庆油田的实践表明，加强改进国有企业思想政治工作要用发展着的马克思主义理论武装头脑、指导实践、推动工作，继承优良传统坚定不移、推进创新发展坚定不移。国有企业重视思想政治工作的优势不能变，加强党对企业的政治领导的原则不能变，全心全意依靠工人阶级的方针不能变，唱响以爱国主义为核心的民族精神和以改革创新为核心的时代精神的主旋律不能变，走中国特色社会主义道路的信念不能变。同时要解放思想、实事求是、与时俱进，不断研究新情况、解决新问题、迎接新挑战。根据形势发展的新特点、职工思想观念的新变化，倡导和树立竞争意识、诚信意识、开放意识、创新意识和法制意识，以更加具体的理念引领职工思想行为，以更加有效的方法开发利用教育资源，以更加生动的形式吸引职工广泛参与，以更加科学的标准评价工作成效，始终保持思想政治工作的生命力、创造力和影响力。

3. 必须自觉融入企业生产经营的全过程，真正做到有为、有力、有效。大庆油田的实践表明，国有企业思想政治工作只有源于企业需要，才能获得应有舞台和空间；只有破解企业难题，才能抓住关键环节，凸显保证作用；只有满足企业要求，才能取得事半功倍效果，履行服务功能。抓效益要从提高职工素质入手,抓思想要从提高企业效益出发,通过不断调适两者之间的矛盾,推动企业效益的最大化和职工的全面发展。要注重解决生产经营管理中遇到的思想意识、道德观念、人文环境等方面的问题,为企业改革发展提供源源不断的精神动力。要坚决防止和克服只见物、不见人,只重产值、不重价值,只抓产品、不抓人品,只讲管理、不讲道理的倾向。

4.必须重视推进企业文化建设,真正做到内化于心、固化于制、外化于行。大庆油田的实践表明,企业文化的思想因素、精神因素、心理因素,深深熔铸于企业历史、职工灵魂和管理制度,是企业进步的动力之源、生命之根。要高度重视企业文化建设,把实践经验上升为规律性认识,把注重提高政治觉悟上升为全面提高职工素质,把激发工作热情上升为培育弘扬职业精神,把制度规范上升为文化养成。要用马克思主义中国化最新成果指导企业文化发展,用中国特色社会主义共同理想引领企业价值追求,用民族精神和时代精神铸造企业精神,用社会主义荣辱观提升企业行为规范,在建设社会主义核心价值体系的历史进程中形成各具特点的先进企业文化。要从实际出发,继承中华民族传统美德,发扬中国共产党人革命道德,吸收改革开放以来创造的精神财富,借鉴国外企业文化优秀成果,以尊重差异、包容多样的宽广眼界和取长补短、兼容并蓄的科学态度,走出一条中国特色的企业文化建设新路子。

5.必须牢固树立以人为本的执政理念,真正做到得人心、暖人心、稳人心。大庆油田的实践表明,加强改进国有企业思想政治工作要坚决贯彻全心全意依靠工人阶级的指导方针,实现好、维护好、发展好职工根本利益,把改革发展的成果惠及方方面面。要怀着深厚感情做工作,贴近实际、贴近生活、贴近群众,深入了解职工思想观念、价值取向发展变化的时代背景和社会原因,善于把握他们关注的重点、难点和热点,把解决思想问题与解决实际问题结合起来,把关心企业前途与关心职工命运结合起来,知职工情、答职工疑、解职工难、聚职工心。要尊重知识、尊重人才、尊重劳动、尊重创造,保护合法权益,提高成才能力,促进职工全面发展,使思想政治工作情理交融、形神统一，潜移默化、润物无声。

6. 必须建立健全体制机制，真正做到条件具备、保障先行、服务到位。大庆油田的实践表明，解决队伍、阵地、投入问题是做好国有企业思想政治工作的必要前提。要采取切实有效的政策措施，保证政工机构编制，加强政工队伍建设，提高政工干部素质，为发挥他们聪明才智开辟广阔空间。要加大投入力度，加快基层思想文化阵地建设，自觉运用最新科技成果装备工作手段、完善设施设备、强化辐射作用。要用好管好阵地，综合开发利用传统媒体和新兴媒体，密切关注新的文化现象和文化样式，使它们成为思想政治工作的新平台、新载体、新阵地，逐步形成覆盖网络化、功能立体化、运行高效化的长效机制。

五、大庆油田思想政治工作经验学习、推广、宣传的几点建议

通过调研，我们认为，大庆油田思想政治工作的经验富有鲜明的时代性、创造性、典型性，是真实的、过硬的、可靠的，应在全国学习、推广、宣传。

1. 建议中宣部、国资委联合将大庆油田思想政治工作情况上报中央，肯定大庆油田思想政治工作经验。1964年，毛主席发出"工业学大庆"号召。1981年，中央转发国家经委党组《关于工业学大庆问题的报告》的通知，对大庆油田经验给予高度评价。当前，充分肯定新世纪新阶段大庆油田思想政治工作经验，对于推动国有企业落实科学发展观，不断提升控制力、影响力、带动力，巩固我国基本经济制度，夯实党的执政基础，具有重要意义。

2. 建议中宣部、国资委适当时候联合召开大庆油田思想政治工作经验交流会，在全国国有企业推广大庆油田思想政治工作经验。2004年，国资委在大庆油田召开中央企业企业文化建设研讨会，重点交流大庆油田企业文化建设经验，在中央企业产生很好反响。当前，推广新世纪新阶段大庆油田思想政治工作经验，对于激励国有企业继续保持思想政治工作这一优势，促进思想政治工作同生产经营相融合，同企业文化建设相结合，同党的先进性建设相贯通，在国民经济发展中发挥骨干作用，具有重要意义。

3. 建议在"七一"前将大庆油田思想政治工作经验作为全国重大典型推出，集中宣传大庆油田继承发扬大庆精神铁人精神的先进事迹。展示大庆油田全面贯彻落实科学发展观、构建和谐企业的生动实践。展示大庆油田在新形势下重视思想政治工作促进油田发展的新鲜经验。展示大庆油田高度负责，产业报国，始终以维护国家能源安全为己任的爱国精神；持续创新，顽强拼搏，矢志谋求资源型企业持续发展的创业精神；"三老四严"，诚实守信，努力打造一流企业和过硬队伍的求实精神；科学发展，构建和谐，忠实履行国有企业"三大责任"的奉献精神。

中宣部、国资委联合调研组

中共黑龙江省委关于
新时期深入学习和弘扬大庆精神的决定

2009 年 3 月 23 日

为深入贯彻落实科学发展观，激励全省广大干部群众进一步统一思想、凝聚力量，解放思想、转变观念，振奋精神、增强信心，推动全省经济社会又好又快、更好更快发展，省委决定，在全省开展深入学习和弘扬大庆精神教育实践活动。

一、提高思想认识，进一步增强新时期深入学习和弘扬大庆精神的责任感和紧迫感

伟大的创业实践产生伟大的创业精神，伟大的创业实践需要伟大的创业精神。在开发建设黑龙江的历史进程中，全省人民创造了可歌可泣的大庆精神铁人精神、北大荒精神、大兴安岭精神、闯关东精神等。这些精神产生的时间、地点不同，但都以开发建设黑龙江的创造性实践为基础，以热爱祖国、艰苦创业、求真务实、奉献人民为理想信念、价值追求和道德品格，他们之间相互渗透，相互补充，内在统一。大庆精神集中体现了这些精神的基本内涵，是这些精神在新时期的继承和发扬，是以爱国主义为核心的民族精神和以改革创新为核心的时代精神的重要组成部分，是社会主义核心价值体系的重要体现，是推动改革开放和社会主义现代化建设的强大精神动力。在新的历史时期，深入学习和弘扬大庆精神，具有重大的现实意义和深远的历史意义。一是凝聚全省人民力量，推动经济社会又好又快、更好更快发展的迫切要求。黑龙江要科学发展，要快发展大发展，特别需要深入学习和弘扬大庆精神，激励广大干部群众进一步振奋精神，鼓舞士气，凝聚力量，求真务实，锐意进取，形成聚精会神搞建设，一心一意谋发展的浓厚氛围，为加快经济社会发展提供强大的精神动力。二是激发全社会创造活力，解决经济发展面临的矛盾和问题的迫切要求。由于受国际金融危机持续蔓延和世界经济增长明显减速的影响，加之经济发展中尚未解决的深层次矛盾和问题，经济运行困难急剧增加，特别需要深入学习和弘扬大庆精神，激励广大干部群众进一步解放思想、转变观念，坚定信心、攻坚克难，鼓足勇气、开拓创新，为推动改革向纵深发展，提高对外开放的层次和水平，保持经济平稳较快发展提供强有力的精神支撑。三是加强社会主义核心价值体系建设和党的作风建设，提高人们综合素质和社会文明程度的迫切要求。深入学习和弘扬大庆精神，是加强社会主义核心价值体系建设的重要举措，对于巩固马克思主义指导地位，用马克思主义中国化最新成果武装党员、教育群众，用中国特色社会主义共同理想凝聚力量，用以爱国主义为核心的民族精神和以改革创新为核心的时代精神鼓舞斗志，用社会主义荣辱观引领风尚，提高广大干部群众综合素质和社会文明程度具有重大作用。在过去艰难困苦的条件下，大庆精神激发了全省人民顽强拼搏的士气，创造了黑龙江历史的辉煌。在新的历史条件下，大庆精神仍将激励全省人民战胜前进道路上的各种困难，再铸黑龙江新的辉煌。

二、坚持继承和发展的统一，全面领会和把握大庆精神的丰富内涵

大庆精神产生于20世纪60年代初我国著名的大庆石油会战，是几代大庆人和全省工业战线广大干部职工共同创造的宝贵精神财富。其基本内涵是：为国争光、为民族争气的爱国主义精神，独立自主、自力更生的艰苦创业精神，讲求科学、"三老四严"的求实精神，胸怀全局、为国分忧的奉献精神（简称"爱国、创业、求实、奉献"）。这种精神，无论过去、现在和将来都要大力继承和发扬。在改革开放和建设中国特色社会主义的伟大实践中，大庆精神不断发展丰富，充分体现出科学发展、改革创新、勇创新业、科学理性、以人为本等时代精神内涵。在新的历史时期，深入学习和弘扬大

庆精神,要在全面领会和把握其丰富内涵上下功夫,引导广大干部群众进一步统一思想、凝聚力量、鼓舞干劲、增强信心,解决好精神状态问题,推动科学发展、和谐发展、更好发展、更快发展。新时期深入学习和弘扬大庆精神就要树立强烈的发展意识。要有"宁肯少活二十年,拼命也要拿下大油田"的爱国、拼搏、奉献精神,站在国家和民族利益、国家和民族事业、国家和民族命运的高度,把推动发展、加快发展作为第一要务,集中心思谋发展之策、筹发展之计;要胸怀全局,志存高远,主动为国分忧,勇于承担责任,始终把国家和民族的利益、事业、命运放在第一位,为社会主义现代化建设多做贡献;要全面贯彻落实科学发展观,真正做到科学发展、协调发展、可持续发展。新时期深入学习和弘扬大庆精神就要发扬积极的创新精神。要有"宁要一个过得硬,不要九十九个过得去"的求实、创新意识,始终站在经济社会发展的前沿,勇于突破陈规,大力推进自主创新;要真正做到与时俱进,进一步解放思想,转变观念,释放出推动经济社会发展的巨大能量;要坚定不移地深化改革,大力推进体制、机制创新,解决经济社会发展中的深层次问题,最大限度地调动人们的积极性、主动性和创造性;要在全社会形成鼓励创新、大胆创新的氛围,使创新不仅是领导干部、企业家、专家的职责,更是普通干部群众的优良品质和自觉行为。新时期深入学习和弘扬大庆精神就要保持旺盛的创业激情。要艰苦奋斗,不畏艰险,顽强拼搏,敢想敢干,敢于开拓,真正做到"有条件要上,没有条件创造条件也要上",始终保持那样一股子劲,一股子气;要不甘人后,勇创一流,干一流的工作,出一流的水平,创一流的业绩;要脚踏实地,真抓实干,干出实实在在的事情,取得实实在在的成就,"经得起子孙万代检查";要进一步强化市场意识、竞争意识,不断提高开拓市场、驾驭市场的能力,勇创发展市场经济的大业新业。新时期深入学习和弘扬大庆精神就要坚持现代的科学理性。要强化"两论"起家的基本功,大力培育和弘扬科学精神,坚持一切从实际出发,尊重客观规律,实事求是地分析问题、解决问题,为推动经济社会又好又快发展提供科学保障;要坚持"三老四严""四个一样"的优良传统,严格要求,严密组织,严肃态度,严明纪律,为提高生产经营的质量和效益提供制度保障；要坚持依靠科技、依靠人才，培育和弘扬与现代化要求相适应的技术理性，促进经济发展方式的转变，为加快新型工业化进程和农业现代化建设等提供技术保障。新时期深入学习和弘扬大庆精神就要强化自觉的人本理念。要秉承"企业以人为本，人以企业为家"的理念，切实做到以人为本，着力促进人的全面发展，把人本理念贯穿生产生活的各个环节；要认真贯彻党的群众路线，强化人的主体地位，尊重群众的首创精神，激发干部群众的创造活力；要高度关注民生，及时解决人民群众最关心、最直接、最现实的利益问题；要按照规则和程序办事，强化部门与部门、单位与单位、人与人之间相互服务和相互尊重的意识，严格操守，廉洁奉公，诚实守信，和谐共进。

三、紧密联系实际，把新时期学习和弘扬大庆精神的任务和要求落到实处

各级党委、政府和各个部门、各条战线都要高度重视，摆上日程，加强领导，周密安排，精心组织，紧密结合本地本部门经济社会发展和干部群众的思想及工作实际，紧紧围绕经济建设这个中心，突出黑龙江又好又快、更好更快发展这个主题，进一步深化对省情的认识，积极营造良好的发展环境，形成奋发向上的精神状态，大力推进"八大经济区"建设，深入实施"十大工程"，加快全面建设小康社会的步伐，切实把这项工作抓紧、抓好、抓出成效。要在全省广泛深入开展以"凝神聚力、创新发展"为主题的学习和弘扬大庆精神教育实践活动，制订在全省开展教育实践活动的方案，加强分类指导，针对不同的社会群体提出不同的要求，动员广大干部群众为推动经济社会又好又快发展建功立业。各地、各部门要结合自身实际，制订开展教育实践活动的具体方案，组织干部群众对照先进，查找差距，解决问题，凝聚力量，推动发展。一要深化学习教育，用大庆精神武装党员干部群众头脑。各地要充分利用中心组学习等干部学习制度、哲学社会科学讲座、各级党校和培训中心，搞好大庆精神的宣传教育，同时充分利用铁人精神、北大荒精神、大兴安岭精神、闯关东精神等精神资源丰富宣传教育内容，提高宣传教育效果。要把大庆精神及其他各种精神资源的学习和弘扬融入以"知荣辱、树新风、促和谐"为主题的社会主义核心价值体系进机关、进企业、进社区、进乡村、进学校、进家庭系列宣传教育活动之中。要加强对大庆精神等各种精神资源的理论研究，并把学习和弘扬大庆精神与学习实践科学发展观，与实施科教兴省、高教强省战略，与加快新型工业化进程和农业现代化建设等实际工作结合起来，努力提高学习教育的针对性和实效性。二要运用多种形式和有效载体，把教育实践活动落实到基层。要以企业文化、校园文化、社区文化、村镇文化建设为载体，把大庆精神融入生产管理和社会生活，指导人们的生产实践，规范人们的行为举止。要以大庆、农垦等地方干部职工创业创新、推动发展的实践为素材，创作生产一批反映大庆精神等精神资源的影视作品、歌舞剧目和精品图书，在潜移默化中培育精神情感，升华人生境界。集中教育实践活动要与加强基层组织建设，与创"三优"文明城市等群众性精神文明创建活动，与弘扬铁人精神、北大荒精神、大兴安岭精神、闯关东精神和培育城市精神、企业精神、校园精神，以及各地、各部门和各基层单位开展的有关教育活动相结合。要认真学习大庆市弘扬大庆精神，创建国家级文明城市的好做法好经验。使之内化于心，外化于行，把大庆精神转化为推动我省全面振兴的强大力量。三要加强新闻宣传，认真做好培养典型、推广典型的工作。各级各类新闻媒体要统筹安排，深入宣传大庆精神及铁人精神、北大荒精神、大兴安岭精神、闯关东精神的优良传统和丰富内涵，深入宣传学习和弘扬大庆精神及铁人精神、北大荒精神、大兴安岭精神、闯关东精神的重要意义，深入宣传各地学习和弘扬大庆精神及铁人精神、北大荒精神、大兴安岭精神、闯关东精神的重大举措和社会成效，形成强大声势和浓厚氛围。要注重培育先进典型，抓好典型的总结宣传，形成覆盖各个层面的典型群。四要率先垂范，充分发挥各级领导干部和全体共产党员在教育实践活动中的表率作用。党员干部特别是各级领导干部要用自己的言行影响群众、带动群众，形成干部带头、群众跟上、共同努力、良性循环的良好局面。五要建立健全长效机制，激励广大干部群众自觉学习和弘扬大庆精神。要坚持正确的政策导向，建立健全相关规章制度，从政策上、机制上为学习和弘扬大庆精神注入内在动力。要把学习和弘扬大庆精神及铁人精神、北大荒精神、大兴安岭精神、闯关东精神的成效作为目标责任制考核、精神文明创建活动评选的重要依据，建立科学的考核体系，加强监督和检查，以科学发展的精神、干劲和成果来检验学习和弘扬大庆精神的实效。要表彰先进，督促落后，把干部群众学习和弘扬大庆精神的积极性引导好、保护好、发挥好。

沿着铁人的足迹"寻梦"

——李新民：传承石油魂

大庆，因油而兴，因"铁人"而著名。

20世纪60年代，铁人王进喜喊出"宁肯少活二十年，拼命也要拿下大油田"，大庆精神铁人精神彪炳史册，成为中国石油的魂。20世纪90年代，"新时期铁人"王启民"宁肯把心血熬干，也要让油田稳产再高产"，不断攀登科技找油新高峰。今天，面向国际能源市场，李新民喊出"宁肯历尽千难万险，也要为祖国献石油"，把大庆精神带出国门，把中国标准、中国力量和中华美德传向世界。

李新民，现任中国石油大庆钻探工程公司哈法亚项目部经理兼钻井二公司DQ1205钻井队队长、党支部书记。他是大庆石油管理局劳动模范、优秀共产党员、杰出贡献职工，荣获过黑龙江省"五一劳动奖章"，是中央企业劳动模范、全国劳动模范。2011年7月，被中国石油天然气集团公司党组授予"大庆新铁人"荣誉称号。

寻梦

——来到铁人队，长出铁骨头

"我非常幸运，中专毕业就分配到英雄的1205钻井队，这里是大庆精神铁人精神的大熔炉。"李新民话不多，却句句掷地有声。

做一名光荣的石油工人，是李新民的梦想。1990年6月，李新民从大庆石油学院钻井工程专业毕业后分配到 1205 钻井队工作。打那开始,他踏上了寻梦之旅。

钻井是石油行业最苦最累的工种,作业三班倒,在钻台上一干就是 8 小时。只要一开钻,不管什么恶劣的天气,都不能停歇。李新民刚到钻井队时,体重还不到 100 斤,身体单薄,每次都累得不想吃饭,这使他真正品尝到井队的艰辛。

一个大钳 300 多斤,用钢丝绳吊在半空,要抡起来紧扣在钻杆上,不仅要有力气,还要有技巧。"当时班组搞竞赛,由于力气小,加上技术要领掌握不好,每次打大钳他都扣不上钳框。"李新民说,当时真想找个地缝钻进去。

不服输的李新民只要一有空,就跑上钻台练打大钳,胳膊抡肿了,手磨出了血泡……经过千百次练习,他终于全面掌握了操作要领,打大钳、下卡瓦、对螺纹这些粗中有细的技术活,李新民都一一拿下,并成为全队人人夸赞的技术能手。

"无论干啥都要苦练基本功,打那以后,吃得多,睡得香,身体也有劲儿了。"李新民说,既然来到铁人队,就要长出铁骨头,像"铁人"老队长那样,练一身真本领、硬功夫。他把队里的技术员、大班当成师傅,有空就跟在他们后面刨根问底,下班后常常留在井上,给老师傅当帮手,为技术员打下手,大伙儿看他勤奋,也愿意教他。就凭这股劲儿,不到半年,他就能拿起井队 6 个岗位的活儿,成为当时那批毕业生里最受老师傅欢迎的小伙子。

就这样,李新民从一名普通钻工,一步步成长起来,他沿着铁人的足迹"寻梦",先后担任技术员、副队长、党支部书记,2003 年成为 1205 钻井队的第十八任队长。

追梦

——我们是新时期的钻井人

21 世纪初,大庆油田进入谋求 4000 万吨持续稳产的新阶段,对定向井、水平井这类特殊工艺井需求越来越大。虽然 1205 队打直井一直是标杆,可一提到打特殊工艺井，李新民就感觉自己的腰杆硬不起来。

李新民说："标杆队是干出来的，也是学出来的，当学生不丢人，打不好井才丢人！"只要一有空，李新民就带队友往打定向井的兄弟队跑，一次次跟班作业，什么活苦，什么活累，他们就干什么，只想尽快学到关键技术。

2000年5月，1205队历史上第一口定向井成功完钻，实现了由单一井型向多种井型的历史性突破。由于技术准备充分，仅用7天就打出了定向井，比设计提前了两天。随后，又在丛式定向井、中深井等特殊工艺井施工上不断取得突破，1205队终于成为一支具备多种井型施工能力的钢铁钻井队。

随着我国能源行业"走出去"步伐的加快，大庆油田先后有100多支队伍走出国门，奔赴海外。要出国打井，必须先过语言关。李新民拿出铁人王进喜"识字搬山"精神，带领队友们从头学外语，还在大庆油田率先实行中英文双语报表，为打入国际钻井市场做准备。

对于只是中专毕业、工作艰苦而忙碌的李新民来说，学英语不是一件容易事。"他把队里的设备都贴上标签，上面标上英文，连脸盆都不落下。他还把设备、材料和各道工序，用英语单词和句子做成一个小手册，放在口袋里，一有空就拿出来学。硬是靠着这种笨办法，他以517分的优异成绩通过了英语托福考试。"大庆油田钻探工程公司钻井三公司副经理胡志强说。

圆梦

——把井打到国外去

"把井打到国外去"，是1205钻井队"铁人"老队长毕生的梦想。为圆这个梦，2006年2月21日，李新民和DQ1205钻井队奔赴苏丹——一个饱经战乱、百废待兴的非洲油国。

"在家千般好，出门万事难"。到达苏丹半个月后，他们的设备也到港了。为了及时了解设备状况，必须迅速清关！可500多个部件、上百部设备、上千吨钻具，完成清点搬运需要十几个人，最快也要半个月。李新民带着 5 位队友，天天吃住在码头，饿了就啃口馕饼；渴了喝口瓶装水；困了就靠着货物打个盹儿。

6 天后，他们完成了清关，创造了苏丹港清关人数最少、用时最短的纪录。

2006 年 3 月 30 日，设备全部到了井场，刚要安装调试，李新民发现三台柴油发电机，有两台被海水严重腐蚀。甲方要求：撤离井场，等设备好了再来。

当务之急是修好发电机。随后的几天，李新民几乎跑遍了所在区块的所有中国钻井队，终于找到了一台已经用了好几年，正准备大修的柴油发电机，牌子一样，但型号和功率不同，李新民和队友们在国内专家的电话指导下自己改装设备。

那些日子里，没有人哪天能睡够 3 个小时。"最后我们找到了配件，又在国内专家指导下，修好了发电机。我们海外第一口井如期开钻！"李新民说。

2007 年初，为了打好苏丹的第一口水平井，李新民研究了结构、工序、工具，落实了工程技术措施，梳理出 20 多条打水平井的操作要领。开钻后，他 24 小时盯在井上，对每一米进尺做好记录分析，对每一个操作环节监控指导。最终仅用 26 天，就拿下了这口意义重大的水平井。

5 年多的时间，李新民和队友们先后创出苏丹 23 项最高指标、最新纪录。李新民和队友们用实实在在的业绩赢得了甲方的认可。

2010 年 10 月，在苏丹项目进行得顺风顺水时，李新民被选派到伊拉克哈法亚。伊拉克并不太平。刚出巴士拉国际机场，李新民和队友就要穿上 10 多公斤重的防弹背心，戴上七八公斤重的钢盔，在拿着冲锋枪的安保人员的护送下，坐上防弹汽车，赶往驻地。

"除了安全因素，伊拉克项目区常年都有沙尘暴，特别是每年的 3 到 5 月，天天黄沙满天。虽然房子是密封的，每天睡觉还是会被呛醒，就算用湿毛巾盖住脸，早晨起来，嘴里、鼻子里也都是沙尘。"现在仍坚守在哈法亚项目的葛占魁通过视频连线告诉记者。

2010年12月12日，李新民带队在伊拉克哈法亚要打的第一口井如期开钻。可是，当时能够获得的"最新"地质资料是30年前粗略勘探的成果。由于地层、井内状况复杂，加之甲方监督固执己见，致使井队花了大量时间来处理复杂状况，建井周期长达数月，这让队员们难以接受，士气很受影响。

在打第二口井之前，李新民鼓励大家："第一口井除去甲方因素，我们的人员、设备、仪器等各方面都非常得力，接下来我们一定要打个翻身仗，全力打它一口争气井来！"

在李新民的鼓励带动下，队员们仅用47天就出色完成了HF001—M267井3167米的钻井任务，创造了哈法亚地区用时最短的钻井纪录。这口井比当地钻井纪录少用了9天，比设计周期缩短了19天，仅日费就为甲方节省60多万美元！

中石油有限公司伊拉克分公司哈法亚项目作业部副经理任智基说，大庆钻探是一支王牌之师，他们提前15个月完成了钻井任务，为一期项目提前15个月投产做出了突出贡献。

（出自《人民日报》2013年6月24日）

坚持学用"两论"建设百年油田

今年是毛泽东同志发表《实践论》《矛盾论》八十周年，习近平总书记对党员干部学习研究经典著作、发扬我们党学哲学、用哲学的光荣传统做出重要指示，强调把马克思主义哲学作为共产党人的看家本领。党的十八大以来，习近平总书记多次强调，我们党是高度重视理论建设和理论指导的党，强调理论必须同实践相统一。我们坚持和发展中国特色社会主义，必须高度重视理论的作用，增强理论自信和战略定力。

毛泽东同志所著的《矛盾论》《实践论》，是马克思主义哲学中国化的经典论著，是发展的马克思主义，奠定了我党实事求是思想路线的基础，蕴藏着无限的真理光芒和民族智慧。大庆油田的开发建设，以"两论"起家、"两分法"前进，是发展的马克思主义指导国企建设的生动案例，创造了举世瞩目的辉煌业绩，并奋力开创"当好标杆旗帜，建设百年油田"的宏伟实践。

"两论"既是思想武器，又是行动指南，是夺取会战胜利的制胜法宝

大庆石油会战旗帜鲜明地将"两论"作为思想武器和行动指南，用辩证唯物主义观点去分析、研究、解决开发建设中的一系列问题。

依靠"两论"统一会战队伍的思想意志。早在开展松辽石油大会战之前的1959年底，听取石油工业部汇报的周总理就十分关切会战的准备情

况,并预见到会战时会遇到种种风浪、重重困难,他对余秋里同志说:"要用毛泽东思想指导会战。用辩证唯物主义的立场、观点、方法,去分析、解决会战可能遇到的各种问题。"果然,会战一开始就面临着许多严峻的考验,既有主观上的,也有客观上的;既有物质上的,也有技术上的。人力不足,资金不足,设备缺乏,材料缺乏,生产设施不配套,气候严寒,生活条件差,缺乏勘探开发大油田的实际经验,会战队伍人员素质又参差不齐、想法不一、信心不足,有的甚至被吓跑,开了小差、当了逃兵,等等。面对错综复杂的困难和矛盾,经过认真分析形势任务,会战工委感到,只有运用辩证唯物主义这个有力的思想武器,才能统一人们的认识和行为,才能正确地认识和解决矛盾,才能夺取会战的全面胜利。于是,会战工委做出了第一个决定,就是《关于学习毛泽东同志所著<矛盾论>和<实践论>的决定》,开展了以社会主义教育为主要内容的形势任务教育,在全油田迅速掀起了学习"两论"的热潮。一开始没有那么多的书,就到安达县新华书店去买,县里书店毛主席著作卖光了,又派人到哈尔滨、北京去买,仅那一年就买了5万多册毛主席著作单行本,基本上是人手一本。通过学习,会战职工深刻地认识到,这困难、那困难,国家缺油是最大的困难;这矛盾、那矛盾,国家建设等油用是最主要的矛盾。"两论"点燃了会战职工心中的爱国激情,统一了思想,坚定了信心,站稳了脚跟。1960年6月1日,首车原油外运,开创了中国石油工业的新纪元。

依靠"两论"激发迎难而上的顽强斗志。石油会战,是在困难的时间、困难的地点、困难的条件下打上去的。1960年4月29日,会战工委召开了万人誓师大会,提出"要发扬革命精神,知难而进、正视困难、克服困难",铁人王进喜也在表态发言中喊出了"有条件要上,没有条件创造条件也要上!""宁肯少活二十年,拼命也要拿下大油田!"的钢铁誓言。誓师大会的召开,吹响了石油会战的战斗号角。会战刚一上手,缺这少那,环境异常艰苦,从机关领导到一线工人,全体会战职工都以"两论"为指导和思想武器,向困难挑战,同条件抗争。钻机设备运到火车站,没有大型吊车,会战职工就化整为零,靠人拉肩扛把钻机运下火车,运往井场。现场没有水,他们不等不靠,破冰取水,抢抓时间保障开钻。当时,四万多人的会战职工队伍在短短的三个月时间里,一下集中到荒无人烟的大草原,居住条件十分困难。没有房屋,就挖地窨子、盖干打垒,开展了"人人盖干打垒"的群众活动,截至当年10月,就盖起了30多万平方米的干打垒。吃不饱肚子就开荒种地,劳保不足就建起缝补厂,物资紧缺就成立回收队、修旧利废。用当时一句流行的话来说就是"困难面前有我们,我们手下无困难"。会战职工凭借着自力更生、艰苦奋斗的精神,会战当年就完成原油产量97.1万吨,并形成了艰苦创业的"六个传家宝"。

依靠"两论"加快石油会战的胜利步伐。大庆属于特大型砂岩油田,勘探开发如此规模油田,没有成功的先例、没有成熟的经验、没有现成的模式可以借鉴。油藏的确切位置在什么地方?向哪里延伸?面积有多大?深度是多少?有多少储量?会战工委认为,只有拜群众为师、拜实践为师,以"两论"为武器,向科学实践要答案,才能破解这些攸关会战前途和命运的一系列重大课题。当时最主要的矛盾是尽快拿到石油地质储量,决定性手段就是勘探资料井的成功钻探以及测井、录井、试油等中途测试,完井作业系统工程的配套施工。通过快速打好探资井,"三点定乾坤",展现出6000平方公里的大油田轮廓,彻底粉碎了中国陆相沉积岩地层"贫油"的断言。广大干部、工人和科技人员,狠抓第一手资料。通过"全党办地质""全员办地质"、办地宫游地宫、召开"五级三结合"技术座谈会、开展十大试验、组织十四项技术攻关,仅用三年就高速度、高水平拿下大油田,累计生产原油1166.2万吨,甩掉了国家贫油的帽子。中发〔64〕78号文件指出,大庆油田的经验虽然有其特殊性,但是具有普遍意义,他们把工作做活了,把事情做活了,是一个多快好省的典型。

"两论"既是理论富矿，又是实践经典，是铸就辉煌业绩的不竭动力

实践是"两论"的广阔天地，"两论"是实践的有力武器。58年来，大庆油田在认识规律中把握规律，在利用规律中改造客观世界，并在改造客观世界的基础上，反过来不断地改造主观世界，缔造了在科学理论武装下开发建设大油田的不朽传奇，创造了令世人瞩目的辉煌业绩，形成了大庆经验，树立了大庆红旗，创造了大庆模式。

坚持发展的观点看问题，探索资源型企业持续发展模式。老部长康世恩同志曾说过这样一句话：实践证明，什么时候辩证法多一些，形而上学少一些，指导思想正确，什么时候经济建设发展就顺利，成果就大些。相反，主观的认识脱离客观实际，就会出现挫折和反复。会战结束后，油田立即复算地质储量，系统总结开发和工艺技术。当时国家经济面临严峻形势，"文化大革命"给各项工作造成了严重的干扰和破坏。油田生产出现"两降一升"的被动局面，即油层压力下降，油井产量下降，原油含水上升。王进喜等同志1970年3月11日到北京向国务院和石油工业部汇报大庆的情况。石油工业部根据汇报内容，整理了一份《当前大庆油田主要情况的报告》，上报周总理。3月18日，周总理明确指出"要保护好大庆油田，要加速解放大庆的干部""大庆不要忘本"，在报告上做了大庆"要恢复'两论'起家基本功"的重要批示，并接见了铁人王进喜。在周总理的批示下，油田老领导、老专家陆续返回工作岗位，极大地鼓舞了大庆广大职工。油田上下深入开展学"两论"、忆传统活动，提出"大干社会主义有理，大干社会主义有功，大干社会主义光荣，大干了还要大干"的口号，奋力扭转当下被动局面，组织了开发喇嘛甸新油田的会战，原油产量年递增达28%，1976年攀上了5000万吨高峰。随后，坚持"实践、认识、再实践、再认识"的认识规律，不断深化对复杂地质条件下油气藏的认识，科学制定第一个十年稳产规划、

再十年稳产规划、把稳产期延伸到二十一世纪,实现原油5000万吨以上高产稳产27年。

　　坚持实事求是,一切经过试验,形成了大庆特色科技研发应用管理模式。毛泽东同志的哲学思想在大庆技术攻关和科技创新中得到了更加充分的发挥。广大科技工作者不迷信权威、不迷信书本,破除了"中国贫油论"的主观臆断,发展完善了李四光的"陆相生油理论",发扬"超越权威、超越前人、超越自我"的三超精神,树立"资源有限,科技无限"的理念,以超前的眼光规划科技发展,坚持"超前15年储备、超前10年研究、超前5年配套""应用一代、研究一代、储备一代""一次采油、二次采油、三次采油"有序接力,形成了一套自主研发、系统配套、具有自主知识产权、领先世界的勘探开发配套技术。现在我们的勘探技术已经接近"透视"的水平,三维地震技术可以媲美CT。以聚合物驱为代表的复合驱,从20世纪70年代就开始攻关,经过20多年的试验准备,1996年进行大面积工业推广,实现提高采收率20百分点以上,三次采油连续15年保持1000万吨以上,目前油田已经成为世界上最大的三次采油基地。油田勘探开发技术也先后三次获得国家科技进步特等奖,同"两弹一星"等重大科技成就共同载入中国科技发展史册。

　　坚持一分为二的思想,探索了传统管理与现代管理有机融合的管理模式。1964年,毛主席亲手竖起了大庆红旗,号召"工业学大庆"。面对成绩和荣誉,广大职工憋足劲猛打猛冲,有的干部也头脑发热,看成绩多,看缺点少,盲目指挥打冲锋,生产质量出现了不好的苗头。当时,毛主席关于《加强相互学习,克服故步自封,骄傲自满》的指示在石油部机关进行了传达学习。1964年5月,余秋里同志回到大庆主持工委扩大会议,讨论贯彻毛主席重要指示,提出"从工委领导的角度来讲,我们还有很多缺点和错误,有很多事情应该做好,还没做好。我们不要把功劳记在自己的本子上",当场带头找了5条差距,并强调,必须掌握"两分法"这个武器。康世恩同志在3000人大会上专门讲了"两分法",强调不但要懂得"两分法",还要懂得怎样运用"两分法"。大庆各级领导干部走出去,到沈阳军区、解放军政治学院,到上海、哈尔滨、沈阳等全国30个城市,到开滦煤矿、鞍钢等280多个先进单位学习经验,还专门请全国著名的劳动模范来油田传经送宝。会战工委带头对照解放军和先进部门找出18条差距,印发油田职工讨论。仅用20多天时间,全油田上下自摆自查,找出120多万个问题,大加整改。面对6000多平方公里没有围墙的工厂,上百个工种的复杂体系,几十万人的庞大团队,油田把矛盾的系统性和个别性结合起来,提出处理好"人、机器和石头的关系",创造出了岗位责任制,把全部生产任务和管理工作具体落实到每个岗位和每个人身上,做到事事规范运作、时时良性运转、人人尽责尽职。改革开放后又吸收HSE、ISO9000、ISO14000等现代管理体系,开展内控体系和信息化、数据化建设,既保持了传统优势,又吸收了国内外最新成果,形成了具有自身特点的管理模式和经验,荣获了中国工业大奖。

  坚持在尊重客观中发挥主观能动性,造就了一支敢打硬仗、勇闯一流的优秀职工队伍。"两论"改造着大庆人的思想,指导着大庆人的工作方法和行为准则。特别是在思想政治工作中,各级领导通过《矛盾论》的哲学思想认识到,事物矛盾的差异性和复杂性构成了世界的千差万别,一人一事的思想政治工作因人而异、因事而异、因时而异、工作量最大、永远做不完,却是最需要经常抓、反复抓、常抓不懈的。所以早在会战初期,思想政治工作就被会战工委明确与生产行政指挥系统、科技管理系统、生活管理系统并列为四大管理系统。运用"抓生产从思想入手,抓思想从生产出发""四个为主""关心人、爱护人""三访四到"等行之有效的方法,构成了思想政治工作一条龙。积极性被充分调动起来的职工队伍,形成了"三老四严""四个一样"的作风品格,"宁要一个过得硬,不要九十九个过得去""干工作经得起子孙万代检查"等职业操守,"约法三章""五条要求"等行为规范,涌现出铁人王进喜、"新时期铁人"王启民、"大庆新铁人"李新民等一大批英模群体,孕育形成的大庆精神铁人精神,成为中国共产党七种伟大精神之一、中华民族伟大精神的重要组成部分。中发〔1981〕47号文件对此给予充分肯定："大庆油田在生产建设实践中，创造了许多好的经验，其中最可贵的，是他们从油田的实际出发，认真学习和运用毛泽东思想，在实际斗争中培育出来的大庆精神。""过去我们靠这种精神，甩掉了石油工业的落后帽子；今后还要靠这种精神，推进社会主义现代化建设。"

"两论"既具历史启示，又具现实价值，是建设百年油田的恒久航标

在大庆油田发现50周年庆祝大会上，习近平同志提出："大庆的实践启示我们，国有企业的发展和进步，必须坚持马克思主义科学理论的指导。""你们要继续发挥优势，加强和改进党的建设。"并强调，发挥党的政治优势是实现企业科学发展、增强企业核心竞争力的关键因素。要总结运用油田50年来党的建设的成功经验，全面加强和改进新形势下企业党建工作，全面提高思想政治工作水平，为企业科学发展、和谐发展、可持续发展创造良好的环境。

坚持学用"两论"，坚定国企发展信心不动摇。"两论"需要反复精读，并结合实际坚持使用。油田党委认真落实习近平同志在大庆油田发现50周年之际对油田提出的"五个继续"要求，认真落实国有企业改革指导意见和国企党建工作会精神，先后创建25671个党员先锋岗、6156个党员责任区，开展了"珍惜荣誉、高举旗帜、开创未来""当好标杆旗帜，做振兴发展先锋"等主题实践活动，极大坚定了广大干部员工的发展信心，激发了立足岗位争做贡献的热情。

坚持学用"两论"，弘扬光荣传统不丢根。油田党委深学笃用习近平总书记系列重要讲话精神和治国理政新理念新思想新战略，组织理论中心组学习350多次，印发学习资料440多期，邀请专家辅导80余次，培训领导干

部6000余人次。党的十八大以来，在党的群众路线教育实践活动、"三严三实"专题教育、"两学一做"学习教育中，油田领导班子发扬"三个面向、五到现场"作风，举行"唤醒传统意识，回归严实作风"主题党日，从自身做起层层建立党员领导干部联系点，先后深入基层600余次，制定24个深化改革专项配套规划。

坚持学用"两论"，明确振兴思路不懈怠。指导实践、推动工作，是学用"两论"的最终目的。面对新时期油田后备资源接替不足、开发难度日益增大、基础设施改造滞后、总体效益逐步下滑、老企业负担重等主要矛盾，中国石油天然气集团公司党组去年11月以扩大会议形式召开座谈会，利用两天时间，组织专题研究大庆油田及其地区的可持续发展问题，集团公司有关领导和专家分别从战略谋划、市场开拓、资源配置、技术开发、管理创新和队伍结构等角度建言献策。12月专门下发《关于大庆油田当好标杆旗帜建设百年油田的意见》。油田党委深入贯彻习近平总书记"大庆就是全国的标杆和旗帜"的重要指示精神，准确把握党组提出的要求，结合落实新一轮东北振兴战略，围绕油田实现振兴发展，确立了"当好标杆旗帜，建设百年油田"奋斗目标，以及三年滚动、中长期分阶段推进的振兴发展规划，当好科学生产的标杆、科技创新的标杆、国企改革的标杆、弘扬石油精神的标杆。

坚持学用"两论"，依靠群众力量不脱节。用马克思主义的基本原理和中国化的最新成果武装头脑，不仅在于党员干部关键少数，也包括广大员工群众。今年以来，油田党委全面落实《新时期产业工人队伍建设改革方案》，大力弘扬劳模精神、工匠精神，创建劳模、技能专家工作室，开展创新大讲堂、"传统立身，勤俭立业，百年立功"全员行动、群众性技术革新等活动，累计创效12.53亿元。制定实施了《大庆油田公司全面深化改革指导意见》，成立中国石油首家售电公司，扩大经营自主权试点成效明显。20多个专业、160多支队伍走出国门，在竞争激烈的国外市场，相继中标沙特阿拉伯、伊拉克、缅甸、苏丹等项目，2016年获取海外权益油485万吨，使油田全年产量重上 4000 万吨。今年前 8 个月，实现国内外原油产量 2612 万多吨。

历经 80 年的历史年轮，"两论"依然散发着耀眼的思想光芒。58 年的实践，大庆油田靠"两论"起家，探索了一条中国特色的新型工业化道路，擎起了大庆红旗。新的时期，包括石油人在内的全体大庆人必将牢记传统，以习近平总书记系列重要讲话精神为指引，为推进大庆转型发展全面振兴、奋力走出黑龙江全面振兴发展新路子、实现中华民族伟大复兴的中国梦做出新的贡献。

大庆油田党委
2017 年 11 月

中共中国石油天然气集团公司党组关于大庆油田当好标杆旗帜建设百年油田的意见

2016 年 12 月 7 日

各企事业单位党委，直属党委：

　　大庆是我国工业战线的标杆和旗帜。大庆油田经过半个多世纪的长期高效开发，已处于特高含水和特高采出程度开发阶段，在油价持续低迷的新形势下，油田有效开发面临严峻挑战；实现大庆油田可持续发展对维护地区经济社会和谐稳定大局、保障国家油气能源安全具有重要的意义。为深入贯彻习近平总书记对大庆油田提出的殷切希望和要求，落实国家新一轮东北振兴战略，加快推进大庆油田及其地区可持续发展，实现"当好标杆旗帜，建设百年油田"的总体目标，提出如下意见。

一、面临形势和重大意义

（一）面临形势

　　大庆油田开发建设 57 年来，在党和国家的亲切关怀下，取得了辉煌的历史成就。建成了我国最大的石油生产基地，实现原油 5000 万吨以上连续 27 年高产稳产，4000 万吨以上 12 年持续稳产，累计生产原油 22.7 亿多吨，上缴税费及各种资金 2.6 万多亿元，创造了领先世界的陆相油田开发技术和水平，孕育形成大庆精神铁人精神，涌现出以三代铁人为代表的一支英雄队伍，成为我国工业战线上的一面旗帜。在做出巨大贡献的同时，经过长期的高强度开发，油田发展也面临许多现实矛盾和挑战。主要是：后备资源接替不足，储量替换率只有 0.5 左右，储采平衡系数只有 0.6 左右；开发难度日益增大，长垣主力油田综合含水率为94.6%；企业历史包袱沉重，体制机制不够灵活，油田现有员工24万人、离退休及其他人员16.5万人，稳定压力巨大，还承担着大量企业办社会职能；成本上升较快，收入利润大幅下降，在低油价下处于亏损边缘；油田产量规模递减，对相关业务和地方经济社会发展产生较大影响。当前，大庆油田进入矛盾叠加凸显期和转型发展关键期，研究解决好大庆油田可持续发展问题十分必要而紧迫。

（二）重大意义

习近平总书记指出，大庆就是全国的标杆和旗帜，大庆精神激励着工业战线广大干部群众奋发有为。习近平总书记等中央领导同志还做出重要批示，强调要大力弘扬以"苦干实干""三老四严"为核心的石油精神，深挖其蕴含的时代内涵，凝聚新时期干事创业的精神力量。

党中央、国务院推进实施新一轮东北振兴战略，要求驻东北地区的中央企业要带头深化改革，积极履行社会责任，支持地方振兴发展。2016年4月，在大庆油田干部大会上，党组书记、董事长王宜林代表党组提出，大庆油田要在规模和提质增效中走在前列、在转型升级和技术创新中走在前列、在深化改革和增强活力中走在前列、在加强党的领导和弘扬石油精神中走在前列等"四个走在前列"要求。大庆油田在集团公司总体发展大局中，地位举足轻重、作用无可替代，大庆的原油产量既是集团公司原油产量的基石，也是集团公司发展油气主营业务的关键。大庆油田具备较好的资源、技术、人才和基础设施等条件，发展潜力大，实现大庆油田及其地区的可持续发展，对促进东北老工业基地振兴、维护地区经济社会和谐稳定大局，对破解大庆油田面临的矛盾和挑战，都将起到积极的示范作用，产生重要而深远的影响。

二、总体思路和发展目标

（一）总体思路

坚持以党的十八大和十八届历次全会精神为指导，以"五大发展理念"为统领，以国家推进能源革命、东北老工业基地振兴、建设世界科技强国为契机，以当好科学生产、科技创新、国企改革、弘扬石油精神等"四个标杆"为发展目标，大力推进国内油气业务持续有效发展、海外油气业务加快协同发展、炼化与销售业务优质高效发展、天然气与管道业务积极健康发展、服务业务稳步有序发展、新兴接替业务转型升级发展，全面推进百年油田建设，为集团公司重塑良好形象、实现稳健发展做出更大贡献。

（二）发展目标

1.当好科学生产的标杆。继续保持大庆油田开发的领先地位，推动油田开发由精细向精准转变，高效挖掘剩余油潜力，努力控制产量递减。加大天然气勘探开发力度，实现天然气产量快速增长。加快"走出去"步伐，充分发挥大庆油田勘探开发技术优势，积极拓展海外油气业务。到2020年，大庆油田保持油气当量4000万吨的战略规模，其中，大庆油区占四分之三以上；到2030年乃至较长一段时期，大庆油田保持4000万吨油气当量以上持续有效发展，海外油气当量达到"半壁江山"，国际化程度大幅提高。大庆油田发现60周年（2019年）时，大庆油区原油产量保持3000万吨以上；大庆油田发现100周年（2059年）时，大庆油区原油产量保持1000万吨以上，仍位居千万吨级大油田行列，成为国际化能源企业。

2.当好科技创新的标杆。坚持技术上应用一代、研发一代、储备一代，着力在创新上下功夫，用勘探开发理论技术创新驱动发展，走出一条以技术获取资源、以技术引领市场、以技术创造需求、以技术打造品牌的发展道路。到2030年，松辽主体层系资源探明率达到60%以上，主力油田采收率达到65%以上，科技贡献率达到65%以上，为集团公司推进创新战略实施做出贡献。

3.当好国企改革的标杆。按照国家和集团公司关于深化改革的总体部署，加快推进业务重组、结构调整、管控模式变革，突出市场导向，优化资源整合，提高系统效率，加快分离移交"三供一业"及企业办社会职能，积极培育发展新兴业务，加强管理创新，深化提质增效，提高增收创效水平，逐步把大庆油田建设成"主营业务突出、立足国内、发展海外"的现代企业。

4. 当好弘扬石油精神的标杆。把坚持党的领导、加强党的建设作为企业的"根"和"魂",创新发展大庆精神铁人精神,着力重塑良好形象,高举大庆红旗,发挥政治文化优势,用大庆精神谋发展、抓改革、闯市场、破难题,永葆大庆红旗的鲜艳本色,把建设百年油田的实践不断推向前进。

当好"四个标杆",是贯彻落实习近平总书记重要指示精神的有力举措,是"四个走在前列"的更高要求。"四个标杆"中,科学生产是发展之基,科技创新是强企之本,深化改革是活力之源,弘扬石油精神是兴业之魂。"四个标杆"相辅相成、相互促进、相得益彰。要深刻理解精髓要义,系统把握本质要求,矢志不移协调推进,确保全面实现建设百年油田宏伟目标。

三、重点工作部署

(一)立足国内,充分发挥好"压舱石"作用

坚持资源战略,加大精细勘探、风险勘探力度,突出松辽盆地中浅层和深层、内蒙古海拉尔盆地、塔里木盆地东部油气勘探,加强外围盆地及油(泥)页岩油等非常规能源勘探,努力实现新的战略发现和重大突破,不断提交规模优质储量,夯实油田可持续发展的资源基础。"十三五"提交石油探明储量2.5亿吨;到2030年,再提交石油探明储量4.5亿吨。坚持精准开发,立足水驱"控水提效"、化学驱"提质提效",近期实现水驱控递减、聚驱提效率、复合驱降成本,中期应用聚驱后新一代提高采收率技术,实现一、二类油层再提高采收率6%以上,远期加快三类油层提高采收率技术攻关,实现商业化有效应用。坚持技术优先,加大外围难采储量动用力度,近期降低单井投资、提高单井产量、控制递减水平,中期加快低渗透油藏控投资降成本开发技术攻关和配套步伐,力争低效难采储量动用30%以上,远期争取油(泥)页岩油的规模效益开发。探索建立外围难采储量有效动用的体制机制,通过上市与未上市合作开发、引入外部队伍等方式,把低品位资源解放出来,实现"开起来、有效益"。在努力降低百万吨产能投资和运营成本基础上,每年新建原油产能保持在250万吨左右。到2020年,原油产

量保持在2900万吨以上；到2030年，原油产量保持在2000万吨以上，天然气产量达到70亿立方米以上，国内油气产量当量保持在2500万吨以上。

（二）发展海外，努力做好业务结构调整的大文章

立足当前、着眼长远，充分发挥大庆油田技术、队伍、品牌优势，全力支持油田加快步伐走出去，扩大市场份额，形成区域规模，成为打造中国石油品牌、提升中国石油国际竞争力的一支重要力量。近期继续抓好蒙古国塔木察格项目的有效运作，同时抓好伊拉克、苏丹、昆仑能源等项目划转，以中东地区为主参与现有项目和新项目的合作开发，中远期发挥大庆油田区位优势，推进在俄罗斯油气勘探开发合作。到2020年，海外权益油气产量当量达到千万吨规模，到2030年，海外权益油气产量当量达到大庆油田总产量规模的"半壁江山"。

（三）以化补油，积极发挥产炼销一体化优势

依托大庆、俄罗斯油气资源，创新经营模式，延伸产业链条，加强互惠合作，推动精深加工，支持地方企业发展化工业务，促进区域产业发展，加快构筑"油头化尾"产业格局。以提高质量效益为中心，推进装置优化、质量升级、节能减排等重点工作，实施炼化结构调整、持续优化和低成本发展；扎实做好区域资源优化互供，深入研究进一步分离利用中俄东线天然气中轻烃资源的可行性，提高资源精深加工比重，做优做特三采表面活性剂等油田所需化学品，增产适销对路的高附加值产品，着力降低生产成本，大幅提高化工业务竞争力。开发黑龙江省和内蒙古自治区东部地区成品油市场，建设完善储运及终端设施，巩固提高市场份额，全面掌控区域油品增量市场，为大庆石化炼油改扩建项目早日实施创造条件。

（四）以气补油，大力发展天然气与管道业务

发挥集团公司产贸储运销一体化优势，打造天然气与管道业务全产业链，全面建成我国东北地区最大的天然气生产基地、储备基地和协调枢纽。到2020年，天然气产量达到50亿立方米；到2030年，天然气产量达到70亿立方米以上，为实现油田转型发展做出标志性贡献。抓住建设"中蒙俄经济走廊"和黑龙江陆海丝绸之路经济带的契机，依托东北油气战略通道建设

和"气化龙江"工程，着力推进中俄东线天然气管道、国家原油战略储备库三期等重大工程，加快建设配套储气库，成立天然气销售黑龙江分公司，积极开展天然气支线、城市燃气、CNG、LNG、天然气发电、分布式能源等业务，到2020年，在黑龙江省内天然气销量达到30亿立方米以上，到2030年，天然气销量达到100亿立方米以上。规划研究建设从俄罗斯远东地区到国内的第二条俄气进口通道，进一步扩大黑龙江省内天然气业务，带动大庆油田相关业务和人员分流，为地方经济发展贡献清洁能源。

（五）有进有退，有序发展油田服务业务

做优做强工程技术服务业务，突出市场主体地位，提高技术能力，优化管理模式，提升内部市场占有率，大力拓展外部市场，全面提升EPC全业务链服务价值，以及高端制造、数字制造、绿色制造水平；依托海外油气业务，带动大庆油田技术、装备、队伍走出去，努力实现自主良性发展；加快工程技术、工程建设、装备制造业务改革步伐，按照集团公司专业化改革的总体部署，走重组上市的路子。做专做特生产服务业务，发挥电力业务售电资质优势，推动重组改制和转型升级，开拓国内外供电、供热及热电市场，着力打造具有国际水平、为石油石化类能源企业提供专业化电能服务保障的现代电力企业。有序退出部分矿区及其他服务业务，按照先易后难、逐步移交、循序渐进的原则，推进"三供一业"及企业办社会职能分离移交。2017年底前，完成市政公益服务、城市公交、托幼服务以及企业办高等教育职能的剥离移交。2018年底前，完成矿区民用供水、民用供电、供热服务及物业服务的分离移交。2019年以后，矿区自营业务实现市场化经营、产业化发展。同时，坚决清理"僵尸企业"，退出长期亏损、扭亏无望的业务。

（六）培育新产业，走技术加服务的转型升级之路

优化业务结构，延伸价值链条，以转移人力资源、成熟技术和提高整体经济效益为目的，积极慎重介入新业务、新领域，不断增强发展的活力与后劲。依靠技术创新有效有序推动油田铀矿、地热、采出水等资源的商业化有效利用，打造新的经济增长点，努力由资源型企业向技术创新型企业升级。

利用物联网、云计算等信息技术，积极发展现代物流贸易业务。探索"大庆精神+"商业模式，发挥资源优势，发展技术培训、健康产业、工业旅游等服务经济，提升综合效益。到2030年，新兴业务收入达到油田总收入的10%以上。

四、重大保障措施

（一）坚持解放思想，为可持续发展提供思想动力保障

切实把解放思想、转变观念放在首位，引导油田上下自觉适应可持续发展要求，真正树立"资源有限、创新无限"的观念，"两种资源、两个市场"谋发展的观念，以市场为导向、以效益为中心的观念，靠劳动创造价值共创共享的观念。通过思想观念的解放，彻底摆脱计划经济思维束缚，坚定破解体制机制性障碍决心，激发干部员工想发展、谋发展、促发展的积极性和主动性，引领和推动可持续发展实践。

（二）坚持科技创新，为可持续发展提供技术支撑保障

要大力发扬"三超"精神，加快重大核心技术攻关，推进战略储备技术超前研究。制定化学驱后提高采收率、三类油层提高采收率、低/超低渗透油田有效开发、碳酸盐岩油气藏勘探开发等技术的研发路线和阶段目标，探索储备微生物采油、泡沫复合驱油、后油藏阶段综合开发等技术，为油田可持续发展提供有力的技术支撑。集团总部要在资金、技术等方面给予大力支持，并申请设立国家科技创新基地，为国家建设世界科技强国做出更大贡献。

（三）坚持深化改革，为可持续发展提供体制机制保障

落实集团公司总体部署，切实抓好业务重组整合、企业办社会分离移交等改革重点工作，加强顶层设计，突出效率效益，积极推进，分步实施，力争取得新突破、见到新成效。健全市场化机制，重点解决好大而全、小而全的问题，切实把内部市场化作为激发活力的重要抓手，真正建立起市场化的运行机制。打破"大锅饭"，大力推进三项制度改革，加大工效挂钩力度，充分发挥薪酬考核的激励导向作用，实现人均创效水平逐年提高。持续推进

业务重组，优化资源配置，压缩管理层级，精简机构和干部数量，减少法人主体，进一步提高产业集中度。

（四）坚持人才强企，为可持续发展提供人力资源保障

把人才作为企业发展的不竭资源，加快人才培养，优化队伍结构，压缩员工总量，提高劳动效率，逐步建设与百年油田价值结构、业务结构相一致的人才队伍。加大培训力度，培养储备国际化人才和科技创新型人才。在急缺人才引进数量和政策上继续给予支持，加大精通外语的专业技术、国际商务复合型人才引进力度，以适应加快海外业务技术管理和商务运作需要。

（五）坚持固本强基，为可持续发展提供安全和谐保障

把抓基层打基础作为长远之计和固本之举，继承发扬"三基"工作优良传统，以"干部无违纪、员工无违规、荣誉无水分、稳定无群体事件"为目标，提升基层建设水平，维护和谐稳定大局。全面加强安全环保工作，杜绝重大及以上安全生产事故及环境污染事件；加强节能减排工作，废水、废气达标排放率达到100%；加强信息化建设，实现信息化与工业化的深度融合，加快推进"数字油田"建设，逐步向全面建成"智慧油田"迈进。

（六）坚持党的领导，为可持续发展提供政治文化保障

全面贯彻国企党建工作总体部署，深入落实"一个坚持、一个弘扬、四个要求、六个强化"，不断加强和改进企业党的建设，发挥党委领导核心和政治核心作用，强化党管干部原则，坚决落实全面从严治党"两个责任"，深入推进党风廉政建设和反腐败工作。继承发扬大庆精神铁人精神和会战优良传统作风，大力弘扬石油精神，凝聚干部员工攻坚克难的强大精神力量。准确把握形象重塑不同阶段、不同层次、不同方面的差异化要求，持之以恒抓好推进落实，让大庆红旗高高飘扬，成为重塑中国石油良好形象的排头兵。

五、切实抓好组织落实

（一）明确主体责任

大庆油田作为推进可持续发展的责任主体，要牢记使命、勇于担当，求

真务实、主动作为,进一步练好内功,提升素质能力,不断增强发展的活力与后劲;强化责任落实,搭建统一平台,明确领导、业务部门及实施单位具体责任,以踏石留印、抓铁有痕的精神,认真细化具体举措,一项一项予以落实,确保集团公司各项部署取得实效;加大宣传力度,提振干部员工士气,凝聚形成推进可持续发展的强大合力。黑龙江地区石油石化企业,要围绕"当好标杆和旗帜、建设百年油田"目标,统一思想、统一步调,充分发挥区域一体化优势,着力形成发展共谋、责任共担、利益共享的运行机制,努力实现整体价值最大化,助力大庆油田及其地区可持续发展。

(二)加大政策支持

推进大庆油田及其地区可持续发展,需要从国家和集团公司两个方面给予支持帮助。一方面,要积极向国家和黑龙江省争取支持政策。一是给予大庆油田贫矿、尾矿开发税收减免政策,以及对三元复合驱生产原油给予税收优惠或开发补贴政策。成立相关工作组,抓住低油价时机和国家全面振兴东北战略机遇,细化方案,明确任务,尽快取得实质性进展。财税价格部牵头负责,相关部门、勘探与生产分公司、大庆油田分公司配合。二是建立与国资委、黑龙江省沟通协调平台,对分离企业办社会职能给予政策支持。积极向国资委、黑龙江省争取相关政策,明确路线图、时间表,确保大庆地区"三供一业"及高校分离移交工作顺利推进。矿区服务工作部牵头负责,改革与企业管理部配合。另一方面,集团公司将从以下几个方面给予政策支持:一是将大庆油田海外业务发展上升到集团公司整体战略,加快议定项目的划转移交,搞好新划转项目的对接;对目前正在开发的中东1号等新项目,优先考虑由大庆油田参与投资;尽快提出具体支持政策,相关部门配合。二是调整大庆油田原油价格及大庆油田一体化项目评价。成立相关工作组,尽快推进大庆原油价格市场化,真正体现大庆原油实际价值。财税价格部牵头负责,相关部门、大庆油田分公司配合。调整大庆油气田开发经济评价方法和标准,实施上市、未上市一体化整体评价,调整内部收益率标准,加大新建产能项目的投资支持力度,提高油田产能建设规模。规划计划部牵头负责,相关部门、专业分公司、大庆油田分公司配合。三是推进大庆石化分公司 1000 万吨/年炼油改扩建项目。加快组织好项目前期论证，优化资源配置、工艺流程和产品方案，提高项目盈利能力，为项目早日启动创造条件。积极与地方沟通协调，争取地方政府对公司销售网络建设的支持，提高成品油本地销售量，保证大庆石化扩能项目进度与成品油市场开发进度相匹配。规划计划部、炼油与化工分公司、大庆石化分公司、黑龙江销售分公司负责。

（三）强化组织协调

集团公司成立领导小组，协调解决重大问题，督促落实重大事项，统筹推进各项工作。总部机关有关部门，要强化服务、主动对接，加大政策支持和指导推进力度，加快推进各项支持政策及项目的落地实施，并深入研究论证其他有益政策，为大庆油田可持续发展创造有利条件。

大庆是中国的大庆、党的大庆，更是中国石油的大庆、大庆人的大庆。集团公司要举全集团之力、汇全集团之智，全力支持大庆油田可持续发展。大庆油田要强化主体责任，切实转变观念、牢记使命、凝神聚力、开拓创新、勇于担当、扎实工作，为实现大庆油田及其地区的可持续发展、推进集团公司世界一流综合性国际能源公司建设、促进东北地区振兴发展和保障国家能源安全做出新的贡献。